AF103465

www.ingramcontent.com/pod-product-compliance
Lightning Source LLC
LaVergne TN
LVHW010613070526
838199LV00063BA/5152
* 9 7 8 9 3 5 8 7 2 4 0 8 0 *

کچھ ادبی تبصرے و جائزے

مرتبہ:

اعجاز عبید

© Taemeer Publications LLC

Kuch Adabi Tabsrey wo Jaizey (Reviews)
by: Aijaz Ubaid
Edition: March '2024
Publisher :
Taemeer Publications LLC (Michigan, USA / Hyderabad, India)

ISBN 978-93-5872-408-0

9 789358 724080

مصنف یاناشر کی پیشگی اجازت کے بغیر اس کتاب کا کوئی بھی حصہ کسی بھی شکل میں بشمول ویب سائٹ پر اَپ لوڈنگ کے لیے استعمال نہ کیا جائے۔ نیز اس کتاب پر کسی بھی قسم کے تنازع کو نمٹانے کا اختیار صرف حیدرآباد (تلنگانہ) کی عدلیہ کو ہوگا۔

© تعمیر پبلی کیشنز

کتاب	:	**کچھ ادبی تبصرے و جائزے**
مرتب	:	**اعجاز عبید**
پروف ریڈنگ / تدوین	:	اعجاز عبید
صنف	:	تبصرے
ناشر	:	تعمیر پبلی کیشنز (حیدرآباد، انڈیا)
سالِ اشاعت	:	۲۰۲۴ء
صفحات	:	۶۶
سرورق ڈیزائن	:	تعمیر ویب ڈیزائن

فہرست

(۱)	دلِ صد پارہ (شعری مجموعہ)	معین اعجاز	6
(۲)	جدید عربی شاعری	فضل اللہ انصاری	9
(۳)	خلاقی بغاوت	نصر ملک	14
(۴)	اردو میں رپورتاژ نگاری	ڈاکٹر مظہر احمد	23
(۵)	کھلا آکاش	ظفر مراد آبادی	26
(۶)	بیان: منظر، پس منظر	ابو ظہیر ربانی	28
(۷)	ہل جوتا	نازنین ممتاز	30
(۸)	سلم پچ ملینیر: کل یگ کا بجو کا بن گیا شیر	دانش ریاض	34
(۹)	گلشن اطفال	نا معلوم	38
(۱۰)	اماوس کے تارے	فاروق احمد	42
(۱۱)	شعرائے سمستی پور	عطا عابدی	46
(۱۲)	اشاریہ ماہنامہ 'تحریک'	فیضان شاہد	49
(۱۳)	طرزِ جناب	امتیاز احمد	53
(۱۴)	تکنڈبّن	دانش ریاض	57
(۱۵)	اندھے آدمی کا سفر	معاذ احمد	60
(۱۶)	اردو جرنلزم کیا ہے؟	سعید احمد قائد	64

دلِ صد پارہ (شعری مجموعہ)

معین اعجاز

زاہد علی خاں اثر کے اس شعری مجموعے میں نظمیں قطعات و رباعیات اور متفرق اشعار شامل ہیں۔ ضخامت کے "خوف" سے انھوں نے غزلیں قصداً شامل نہیں کیں۔ اس سے پہلے میں ان کے انشائیوں کے مجموعہ اور ایک شعری تصنیف پر بھی ان ہی کالموں میں اظہار خیال کر چکا ہوں۔ ایک دلچسپ بات یہ ہے کہ زاہد علی خاں اثر نے ایک لمبے عرصے تک آل انڈیا ریڈیو کے نیوز سروسز ڈیوژن میں ملازمت کی اس دوران وہ شعر بھی کہتے رہے لیکن جہاں تک مجھے معلوم ہے ان کا کوئی شعری مجموعۂ یا نثری تخلیق رٹائرمنٹ سے پہلے منظر عام پر نہیں آئی تھی۔ شاید انھوں نے پہلے ہی یہ طے کر لیا تھا کہ اپنی تخلیقات ملازمت سے سبکدوشی کے بعد ہی پکی روشنائی میں سامنے لائیں گے۔ زاہد علی خاں (جو دوستوں کے حلقے میں خاں صاحب کے نام سے مشہور ہیں) زندگی کے بہت بڑے عاشق ہیں اور یہ ان کی بہت بڑی خوبی ہے۔ سیر وسیاحت اور مناظر فطرت سے ان کی دلچسپی کبھی کشمیر کے مرغزاروں تک لے جاتی ہے اور کبھی بھوپال کے حسین تال تک۔ زندگی کے تئیں ان کے اٹوٹ لگاؤ کا یہ ایک بہت بڑا ثبوت ہے۔ اس معاملے میں ان کی شخصیت قابل رشک ہے۔ اثر صاحب حسن وجمال کے بہت بڑے پرستار ہیں اور یہ بھی زندگی کا ایک مثبت پہلو ہے۔ اس کے ساتھ ہی ساتھ وہ سماج کے ایک باشعور فرد کے

طور پر سماجی اور قومی ذمہ داریوں کو بھی خوب سمجھتے ہیں۔ یہ تمام چیزیں ان کے اس شعری مجموعے میں جھلکتی ہیں بقول شکیل بدایونی

معشوق کی خلوت پہ نظر میرے سخن کی
مظلوم کی آہوں کا دھواں میری غزل میں

لارڈ میگھناتھ ڈیسائی نے اپنی ایک تصنیف میں ۵۰ اور ۶۰ کی دہائی کو بڑی للچائی ہوئی نظروں سے دیکھا ہے جب پنڈت جواہر لال نہرو کی قیادت میں ہندستان میں ایک سیکولر قومیت پروان چڑھ رہی تھی اور ماہرین اقتصادیات دانشوروں، ادیبوں اور شاعروں کے ساتھ ساتھ فلمی دنیا سے وابستہ شخصیات بھی نئے ہندستان کی تعمیر میں اپنے اپنے طور پر اپنا رول ادا کر رہی تھیں۔ جواہر لال نہرو سے متعلق زاہد علی خاں اثر لکھنوی نے جو نظم لکھی ہے وہ دراصل آزاد ہندستان کی تاریخ کی ان ہی دہائیوں کو خراج تحسین ہے جن میں قومی تعمیر کا جذبہ اور جنگ پسند سامراجی طاقتوں کے تئیں بیزاری پروان چڑھ رہی تھی۔

ہے ذہن و دل میں تری یوں بہت شاداب
کھلا رہی ہے جو قلب و نظر میں سرخ گلاب
اثر کے دل میں بہت نقش تیرا گہرا ہے
وطن سنوارنے کا ترے سر ہی سہرا ہے

پنڈت نہرو کے علاوہ مولانا آزاد اور نیتا جی سبھاش چند ربوس جیسے عظیم قومی رہنماؤں پر بھی نظمیں اس مجموعے میں شامل ہیں۔

زاہد علی خاں اثر کے مجموعے میں غزلیں تو شامل نہیں ہیں لیکن حقیقت یہ ہے کہ ان کا مزاج غزلوں ہی کے سانچے میں ڈھلا ہے۔ قطعات اور رباعیات میں اردو کی کلاسیکی روایات کا رچاؤ بھی ہے اور نئے لہجے کا بانکپن بھی۔ متفرق اشعار نے بطور خاص متوجہ کیا۔

شبنم نگہی یاد نہ اب شعلہ نگاہی
ہے یاد ہمیں بس دل ناداں کی تباہی

تمام عمر اسی احتیاط میں گزری
کہ میرے درد سے وہ آشنا نہ ہو جائے

کسی کی بزم محبت میں ہم جو یاد آئے
ترے جو قرض تھے اے زندگی اتار آئے

تمام پیڑوں نے پھر سے لباس بدلا ہے
جو ہو سکے تو نئے پیرہن میں آ جاؤ

۱۵۴ صفحات پر مشتمل اس شعری مجموعہ کی قیمت ۱۰۰/- روپئے ہے اور اسے فرید بک ڈپو، دریا گنج، نئی دہلی اور مکتبہ جامعہ لمیٹڈ (دلّی اور علی گڑھ) سے حاصل کیا جا سکتا ہے۔

☆☆☆

جدید عربی شاعری

فضل اللہ انصاری سلفی

تبصرہ نگار: فضل اللہ انصاری سلفی بھوارہ، مدھوبنی، بہار

صفحات: ۶۰۴

مصنف: ڈاکٹر فوزان احمد لکچرار شعبۂ عربی جامعہ ملیہ اسلامیہ، دہلی

ناشر: ادارۃ البحوث الاسلامیہ جامعہ سلفیہ، ریوڑی تالاب، بنارس

عربی زبان دنیا کی قدیم زبانوں میں سے ایک ہے، جو صرف اسلامی تشریع کے دو اہم ترین ماخذ قرآن و حدیث کی ہی زبان نہیں، بلکہ ایک ایسی زبان ہے جس کی اپنی بھی ایک قدیم تاریخ ہے اور طویل عرصوں میں پھیلے ہوئے بے شمار تاریخی حقائق کی ترجمان بھی ہے۔ اسی طرح اس زبان کے واسطے سے خود عربی شعر و ادب کی تاریخ کا بھی پتہ چلتا ہے۔ مختلف ادوار میں منقسم عربی شاعری کی تاریخ، اسکی عظمت اور قدر و منزلت کا پتہ بتاتی ہے۔ قدیم عربی شاعری سے متعلق بہت ساری کتابیں اب تک تصنیف ہو کر منظر عام پر آ چکی ہیں اور دنیائے علم و ادب کے لوگ ان سے استفادہ کر رہے ہیں۔ پروفیسر زبیر احمد فاروقی (سابق صدر شعبۂ عربی جامعہ ملیہ اسلامیہ، نئ دہلی) کے بہ قول "عربی ادب کا جدید دور ۱۷۹۴ میں مصر میں فرانسیسیوں کی آمد سے شروع ہوتا ہے۔ محمد علی کے بعد اسماعل پاشا ۱۸۶۲ میں تخت نشیں ہوا تو اس نے ان کوششوں کو اور آگے بڑھایا اور

اس کے نتیجے میں مطالعہ کی کثرت مدرسوں کی فراوانی، صحافت کی توسیع، ڈراموں کے چلن، اکاڈمیوں کے قیام، غیر ملکی زبانوں کی تعلیم اور مغربی تہذیب کے تعارف نے طبیعتوں کو افکار و علوم سے مالامال کیا (جدید عربی شاعری صفحہ ۷) ایک لمبے عرصہ میں پھیلے ہوئے عربی ادب و شاعری کے اس درو کے تعارف و تاریخ سے متعلق قابل ذکر تعداد میں بہ زبان عربی اور ترجمہ و تلخیص یا عربی سے مستفاد کی صورت میں بہ زبان اردو کچھ کتابیں سامنے آتی ہیں۔ اس طرح سے عربی مدارس و جامعات میں عربی زبان وادب کی تعلیم کے سلسلے میں جو پریشانیاں تھیں، وہ بہت حد تک کم ہوئی ہیں۔ لیکن جدید اور معاصر عربی زبان و ادب سے متعلق یہ پریشانیاں ایک حد تک پھر بھی باقی ہیں۔ عربی زبان و ادب سے وابسطہ ایسے حضرات جو اردو زبان و ادب میں بھی دلچسپی کے ساتھ معلومات رکھتے ہیں اور چاہتے ہیں کہ اردو داں حضرات کے پاس عربی زبان و ادب کی تصویر و تاریخ اچھے رنگ و انداز میں موجود ہو، تو وہ اس سلسلے میں اپنی کوششیں روا رکھتے ہیں اور اس کے لئے ہر ممکن تدبیر اختیار کرتے ہیں۔

ڈاکٹر فوزان احمد کی کتاب "جدید عربی شاعری" اس سلسلے کی ایک ثمر بار کاوش اور قابل قدر و مفید اضافہ ہے، جو اس فن کے طالب اور مراجع و تحقیق کے لئے سادہ و پر کشش انداز عمدہ کتاب ہے۔ جیسا کہ پروفیسر زبیر احمد فاروقی نے کتاب کے پیش لفظ میں لکھا ہے کہ اس طرح کی کوششوں کے سلسلے میں ایک نہایت مفید اور قیمتی اضافہ ہے، اس میں نہ صرف مصر و شام بلکہ جملہ عالم عرب کے زیادہ سے زیادہ مشاہیر اور نمائندہ شعراء کے حالات اور ان کی شاعری پر تفصیلی روشنی ڈالی گئی ہے۔ اس کے علاوہ اس میں جدید کلاسیکیت، رومانویت، اپولو اور آزاد شاعری جیسی تحریکات اور ان کی نمائندگی کرنے والے شعراء کے بارے میں سیر حاصل بحث کی گئی ہے۔ اس طرح یہ کتاب جدید عربی

شاعری کے بارے میں 'معلوماتی خلا' کو پر کرنے میں ایک اہم رول ادا کرتی ہے۔ کتاب کے مصنف ڈاکٹر فوزان کا کہنا ہے کہ؛ جدید عربی شاعری کا موضوع بے حد وسیع ہے، موجودہ دور میں عربی زبان کے شعراء تقریباً دنیا کے ہر حصے میں موجود ہیں، ان تمام کے کلام کا احاطہ اور ان سے متعلق ماخذ کی تفصیل فی الحال ممکن نہ تھی اور نہ یہ بات ہمارے ماخذ میں داخل تھی۔ پھر ڈاکٹر فوزان نے پہلے باب سے متعلق تعریفات "شعراء اور اس کے عناصر" پر سیر حاصل بحث کرتے ہوئے دوسرے باب کے تحت "کلاسیکی شاعری و اسکول" اور "الف و ب" کے تحت اس اسکول کے شعراء کے مختصر سوانحی خاکے بیان کرنے کے ساتھ ساتھ ان کے کلام کا بھی جائزہ لے کر جدید عربی شاعری کی تاریخ مرتب کی ہے۔ اور اس باب میں۔۔۔۔۔ محمود سامی بارودی، محمد مہدی الجواہری، احمد شوقی، حافظ ابراہیم، شکیب ارسلان، مصطفی صادق رافعی، فواد پاشا، خیر الدین زرکلی اور علی جارم کا خصوصاً ذکر کیا ہے۔ تاریخی موضوعات پہ لکھتے ہوئے جو "رطوبت و خشکی" در آتی ہے اور قاری کو دوران مطالعہ جس ذہنی انقباض یا اکتاہٹ کا سامنا کرنا پڑتا ہے اپنے سلیس انداز اور سادہ لب لہجے میں قلمبند کر کے ڈاکٹر فوزان نے اسے دور کرنے کی بھر پور کوشش کی ہے، جو ان کی محنت اور کدوکاوش کا نتیجہ ہے۔

کتاب کے تیسرے باب میں الف، ب اور ج کے تحت تجدید پسند شعراء پر بحث کی گئی ہے اور جدید عربی شاعری کی تقریباً تیرہ ۱۳ خصوصیات کا ذکر کیا گیا ہے۔ تجدید پسند شعراء میں خلیل مردم بک، عمر ابو ریشہ، الیاس ابو شبکہ، محمود درویش، احمد ابراہیم غزاوی، محمد د زبیری، عبد الرحمن شکری، عباس محمود العقاد، احمد ذکی ابو شادی اور احمد رامی وغیرہم کی حالات زندگی اور ان کی شاعری پر روشنی ڈالی گئی ہے۔ شعراء کے کلام کا ترجمہ بھی بڑے اچھے اسلوب و انداز میں کیا گیا ہے، جس سے اشعار کے معنی و مفہوم کو سمجھنے

میں مدد ملتی ہے۔ بعض مقامات پر "ترجمانی" کا احساس ہوتا ہے، لیکن ادبیات میں ایسا کسی حد تک تو روا ہونا چاہیئے۔

چوتھے اور پانچویں باب میں رومانوی اور رمزی اسکول کے شعراء موضوع بحث ہیں۔ پہلے دونوں اسکولرز کا تعارف ہوا ہے، پھر حسب سابق متعلقہ شعراء کی حالات زندگی اور ان کی شاعری پر ان کے کلام کی روشنی میں ڈاکٹر صاحب نے اطمینان بخش بحث کی ہے۔ بے شمار کتابوں کے ذخیرہ سے مختلف ادوار کے شاعروں کی تلاش و جستجو کا عمل ہی اپنے میں بہت مشکل ہے چہ جائے کہ ان کے کلام کا بھی فنی جائزہ لیا جائے اور پھر اس پر سیر حاصل بحث موجود ہو۔ ڈاکٹر فوزان کی یہ تاریخی ادبی کاوش یقیناً قابل قدر اور لائق ستائش ہے۔

اسی طرح چھٹا باب 'آزاد شاعری' سے متعلق خاص ہے جس میں آزاد شاعری کے سلسلے میں تعارف کے بعد سیر حاصل بحث اور بدر شاکر، نازک الملائکہ، صلاح عبد الصبور اور فدوی طوفان وغیرہم جیسے آزاد شاعری کے نقیب شعراء حضرات کی حیات اور شاعری پر بحث پیش کی گئی ہے۔

آخری اور ساتواں باب (مہجری شاعری) الف و ب دو حصوں میں منقسم ہے۔ "مہجری شاعری" کے تعارف و تاریخ پر مفصل گفتگو کرتے ہوئے ڈاکٹر فوزان نے اس کے نمائندہ شعراء حضرات خلیل جبران، میخائیل نعیمیہ، ایلیاء ابوماضی، رشید سیلم خوری اور خوزی معلوف کی حیات و شاعری پر بحث کی ہے۔ کتاب کے مقدمہ اور پہلے باب سے لیکر ساتویں باب تک ڈاکٹر فوزان نے محنت و کاوش کے ساتھ ایک مرتب تسلسل اور خاص لب و لہجہ میں تصنیفی عمل کو پایہ تکمیل پہنچایا ہے۔ آخر میں "کتابیات" کے تحت حوالے جات اور مراجع و مصادر کی تفصیل اپنے میں ایک قیمتی حصہ ہے۔ یہ ادبی تاریخی کتاب

(جدید عربی شاعری) مدارس وجامعات کے نصابی پروگرام کی تکمیل کا حصہ بھی ہے اور بحث و تحقیق کے لیے ممد و معاون بھی۔ اللہ کرے یہ کتاب کسی کمی کی تلافی اور آئندہ کے لئے ایک بیش بہا نقش قدم ہو۔ (آمین)

خلاقی بغاوت

نصر ملک

"جولائی کے دو دن "ڈینش مصنف، سٹیی ڈیلیئر کا ناول جس کا اردو ترجمہ، اسد ملک نے کیا ہے۔ تبصرہ از؛ نصر ملک۔ کوپن ہیگن۔ڈنمارک۔

عصر حاضر کے معروف ڈینش مصنف، سٹیی ڈیلئیر کی عالمی شہرت یافتہ کتاب " جولائی کے دو دن " پہلی بار اردو میں ترجمہ کر کے شائع کی گئی ہے۔ اس کتاب میں اس تاریخ ساز، فیصلہ کن اور ڈرامائی واقعات کی تاریخی حیثیت کا تجزیہ کیا گیا ہے جو، بیس جولائی سنہ انیس سو چوالیس کو نازی جرمنی میں رونما ہوئے۔ عین اسی مذکورہ روز، جرمنی کے کچھ فوجی افسروں اور سرکاری عہدیداروں نے، نازی جرمنی میں ایک انقلاب برپا کرنے کے لیے، اڈولف ہٹلر پر حملہ کیا۔ ان جرمن فوجیوں اور اعلیٰ عہدیداروں کو یقین تھا کہ ان کی اس " اخلاقی بغاوت " کے نتیجے میں کچھ ہی گھنٹوں بعد، دوسری جنگ عظیم کا خاتمہ ہو جائے۔ ان جرمن فوجیوں اور عہدیداروں نے کیا سوچا اور اس کا نتیجہ کیا نکلا اور آج کے دور میں اس سے کیا سبق لیا جا سکتا ہے اور " انسانیت " کو کیسے بچایا جا سکتا ہے، یہی کچھ ہے جو مصنف، سٹیی ڈیلیئر کی عالمگیر شہرت رکھنے والی کتاب " جولائی کے دو دن " ہمیں بتاتی ہے، لیکن کیسے ؟

" ایک متحدہ یورپ جس میں مشرق و مغرب بھی شریک ہوں اور تمام ممالک خود

مختاری قائم کر چکے ہوں ، اگر ایسا ہو جائے تو جنگ و جدل سے چھٹکارا پاتے ہوئے ، " انسانیت " کو بچایا جا سکتا ہے۔ نسلی تعصب و منافرت کے خلاف، مشترکہ قوانین، اور کھلی جمہوریتیں اور در گذر کرنے والی اخلاقی قوتوں کے تحفظ کے لیے لازمی ہے کہ ایک ایسی برادری معرض وجود میں آئے جو ملکوں کے درمیان امن کو یقینی بناتے ہوئے اس کی مکمل و ٹھوس ضمانت بھی خود ہی ہو۔"

یہ سبھی کچھ شائد ایک ماڈرن یورپ اور دنیا کے لیے ایک جدید پروگرام سنائی دیتا ہو لیکن یہ خیالات، انیس سو چوالیس میں ، کئی ایک جرمن عہدیداروں اور افسروں کے ذہن میں ابھر چکے تھے اور وہ اپنے ملک میں ہٹلر کی کارستانیوں کو بغور دیکھ رہے تھے اور وہ ہٹلر کی جنگی جنونیت اور انسانیت کے خلاف، دہشت گردی کا خاتمہ کرنے کے لیے خود کو تیار کر رہے تھے۔ اور اس سلسلے میں وہ ہر ممکن طریقے آزماتے ، اپنے مقصد کے لیے درپردہ آگے بڑھتے ہوئے، کاری ضرب لگانے کے لیے، مناسب موقع کی تلاش میں تھے ،اور آخرکار انھیں وہ موقع مل گیا۔

متعدد بار کی گئی کوششوں کے بعد، اخلاقی باغیوں کا یہ گروپ، بیس جولائی سنہ انیس سو چوالیس کے دن اپنی کامیابی کے بالکل قریب تھا۔ وہ ایک بم کے ذریعے ظالم و جابر، آدم آزار اڈولف ہٹلر کو قتل کر دینا چاہتے تھے۔ اور بسرعت اقتدار سنبھالنے کے لیے انھوں نے جنگی بنیادوں پر ایک منصوبہ بنا رکھا تھا۔ وہ سب سے پہلے جرمنی میں ، نازی فوجیوں کو ہر جگہ سے ہٹا دینا اور ملک بھر میں کنٹرول حاصل کر لینا چاہتے تھے۔ ان کے منصوبے میں یورپ بھر سے نازی فوجیوں کو ہٹا دینا بھی شامل تھا اور یوں وہ یورپ بھر پر اپنی حاکمیت قائم کر دینا چاہتے تھے۔ جس کے بعد وہ چاہتے تھے کہ یورپ بھر کی سرحدیں آزادانہ آمدورفت کے لیے کھول دی جائیں اور وہ جو ہٹلر کی فوجوں کے قیدی تھے انہیں

رہا کر کے، تمام ممالک سے مذاکرات کا عمل شروع کر دیا جائے۔

اس ڈرامائی انقلاب کی کوششوں کا متحرک، کلاؤس گراف ون سٹاؤفنبرگ تھا۔ وہ ایک سینیئر افسر تھا اور کوئی دو سو دوسرے جرمن فوجی اس کی کمان میں تھے۔ اور ان سب نے مل کر، بیس جولائی سنہ انیس سو چوالیس کے زور، نازی اڈولف ہٹلر کے ہیڈ کوارٹر پر بموں سے حملہ کر دیا۔ وہ اپنے ہدف کو پا لینے کے قریب ہی تھے، لیکن، ہٹلر بڑے معجزاتی طور پر بچ نکلا اور اس کے کچھ ہی گھنٹوں بعد باغیوں پر قابو پا لیا گیا اور، ان میں سے سرکردہ عہدیداروں کو اسی رات قتل بھی کر دیا گیا۔ نازیوں کے ہاتھوں نہایت بیدردی اور بے رحمی سے قتل کئے جانے والے ان انسان دوست باغیوں میں ان کا رہنما، کلاؤس گراف ون سٹاؤفنبرگ بھی شامل تھا۔ بعض افسروں کے خلاف فوجی عدالتوں میں سرسری سماعتوں کا ڈھونگ بھی رچایا گیا لیکن وہ نازیوں کے ہاتھوں موت سے نہ بچ سکے۔" ہٹلر کے خلاف، کلاؤس گراف ون سٹاؤفنبرگ جیسے، اخلاقی باغی کی یہی کہانی ہے جو مورخ ہمیں آج تک سناتے رہے ہیں اور جس کا ذکر تاریخ کی کتابوں میں ملتا ہے، لیکن کیا یہ کہانی یہیں ختم ہو جاتی ہے یا آگے بھی چلتی ہے اور کیا واقعی میں یہ بس ہٹلر کے خلاف، کچھ سرپھروں کا ایک اتفاقیہ اقدام تھا، کیا ہمیں آج کے آزادانہ دور میں اس بات کو جاننے کی ضرورت نہیں کہ آدم بیزار وحشیانہ نازی قیادت کے خلاف، اس اخلاقی بغاوت کے اثرات، آج کے دور میں کیا اہمیت و اثر رکھتے ہیں۔

جابر و ظالم آدم بیزار، اڈولف ہٹلر کے خلاف خود اس کے اپنے جرمن فوجی افسروں اور عہدیداروں کا ناکام انقلاب برپا کرنے کے اقدام کی کہانی فی زمانہ پہلی بار ایک ناول کی صورت میں ہمارے سامنے آئی ہے۔ اس کہانی پر مشتمل یہ گرانقدر ناول "جولائی کے دو دن" کے نام سے، معروف ڈینش مصنف سٹیی ڈیلیئر نے لکھا ہے۔ اس ناول کے لکھنے پر

انہوں نے چھ سال محنت کی ہے اور جیسا کہ خود مصنف کا کہنا ہے، چھ سال کی اس محنت کی اصل وجہ سنہ انیس سو ترانوے کی وہ جنگ ہے جو " بالکان " کے علاقے میں لڑی گئی اور جس سے متاثر ہو کر انہوں نے اپنا ایک ڈرامہ " میں گھنٹے شمار کرتا ہوں " لکھا۔ اور اس ڈرامے نے ان کا بہت سا وقت لے لیا۔ یہ ڈرامہ ایک ایسی خاتون کی تصویر کشی کرتا ہے جو زندگی و موت سے نبرد آزما ہے اور وہ، محصور "ساراجیوو" میں جنگی جنونیوں کی آدم بیزاری کا شکار ہے۔ یہ ڈرامہ ڈنمارک کے آرھس پلے گھر میں سٹیج کیا جا چکا ہے۔

"جولائی کے دو دن "نامی ناول لکھنے کی وجہ یورپ میں دوسری جنگ عظیم کے بارے میں ڈینشوں کی وہ دلچسپی ہے جو اب دن بدن بڑھتی جا رہی ہے اور خاص کر نوجوان تو ہٹلر کے خلاف اس متذکرہ بالا انقلاب کی کہانی میں بہت زیادہ دلچسپی رکھتے ہیں۔ اور اسے مورخوں کے لکھے ہوئے اوراق میں تلاش کرنے کی بجائے، خود "نئ آنکھوں " سے تلاش کرنا چاہتے ہیں۔ اور مصنف سٹیی ڈیلیئر نےن کی اسی خواہش کو پورا کرنے کی سعی کی ہے۔ اس میں کوئی شک نہیں کہ محققین کی نئ ڈینش نسل کا کہنا ہے کہ ڈنمارک میں لوگ، دوسری جنگ عظیم کے متعلق کئی قسم کے مفروضاتی و تصوراتی شواہد کا شکار ہیں۔ اور وہ لوگ جنہوں نے اس دوسری جنگ عظیم میں خود حصہ لیا اور ہٹلر جیسے انسانیت سوز جابر کی فوجوں سے ٹکر لی، وہ جانباز، اس کہانی کو کسی اور انداز سے پیش کرتے ہیں۔ اور بیشک ڈینش مصنف، سٹیی ڈیلیئر، اپنی کتاب "جولائی کے دو دون "میں ان سب امور کو ملحوظ رکھتے ہیں۔

تاریخ اس بات کو کبھی فراموش نہیں کر سکتی کہ انسانیت کے خلاف سب سے بڑے جرائم، دوسری جنگ عظیم ہی کے دوران ہوئے۔ انسانیت کے خلاف ایسے جرائم سے پردہ اٹھانا اور انسانیت کے مجرموں کو تاریخ کے کٹہرے میں لا کھڑا کرنا اور ان کے

اصل چہرے دنیا کو دکھانا، ڈینش مصنف سٹیی ڈیلیئر نے اپنا" فرض" بنا رکھا ہے۔

ڈینش مصنف، سٹیی ڈیلیئر، اپنے لڑکپن سے، البرٹ کاموس کی کتاب "باغی افسر" سے بہت متاثر دکھائی دیتے ہیں۔ اس کتاب میں، انتہا پسندانہ نظریات سے ٹکرلی گئی ہے اور اس کتاب کا اہم کردار "باغی" سیاست کی بجائے دوسرے عوامل کے زیر اثر دکھائی دیتا ہے۔ یہ باغی، اخلاقی لحاظ سے یا کسی دوسرے بیرونی اسباب کی بنا پر ظالموں و جابروں کے خلاف لڑتا ہے۔

نازی ہٹلر کے خلاف، بغاوت کرنے والا، ایک سینیئر افسر، کلاؤس گراف ون سٹاؤفنبرگ ایسا باغی تھا جس کا کوئی پروگرام نہیں تھا۔ وہ اخلاقی و مذہبی لحاظ سے، آدم بیزار، نازی ہٹلر کو نیست و نابود کر دینا چاہتا تھا۔ اس نے پہلے خود کو اور پھر اپنے ہم خیال افسروں اور عہدیداروں کو، ہر اس بات کے خلاف متحد کیا جو انسانیت و آدمیت کے خلاف تھی اور جو زندگی کو محدود خانوں میں منجمد کر دینے میں کوشاں تھی۔ دوسری جنگ عظیم کے دوران، سنہ انیس سو بیالیس میں کلاؤس گراف ون سٹافنبرگ، وینیزا، یوکرین میں متعین تھا۔ جہاں ہٹلر نے اسے براہ راست حکم دیا تھا کہ وہ یوکرین کے تمام یہودیوں کو موت کے گھاٹ اتار دے۔ ہٹلر کے اس حکم نے کلاؤس گراف ون سٹاؤفنبرگ کے دل میں یہ بات بٹھا دی کہ اس کا حاکم یعنی نازی ہٹلر، ایک ذہنی و نفسیاتی جنونی " سائیکو پیتھ " ہے لہٰذا اس کے متعلق کچھ کیا ہی جانا چاہیئے۔ یعنی اس سے نجات لازمی ہے۔

دو سال تک اپنے اس خیال پر سوچنے اور ہٹلر کے خلاف کئی طرح کی ناکام منصوبہ بندی کے بعد آخر کار وہ وقت آ ہی گیا جب کلاس گراف ون سٹاؤفنبرگ، ہٹلر کی سیکورٹی کا گھیرا توڑنے اور اس تک پہنچنے کے لیے، کئی کیتھولک عقیدے ہی کے جرمن فوجیوں کو اپنے ساتھ ملانے میں کامیاب ہو چکا تھا اور حیرانگی کی بات یہ ہے کہ یہ سبھی نازی ہٹلر کو

یکسر نیست ونابود کر دینے پر متفق تھے۔ کئی ایک مورخ ان "باغیوں" کو "موقع پرست" بھی قرار دیتے ہیں لیکن، کتاب "جولائی کے دو دن" کے مصنف سٹیی ڈیلیئر ایسی سوچ نہیں رکھتے اور نہ ہی ان مورخوں سے اتفاق کرتے ہیں۔

حقیقت یہ ہے کہ جولائی سنہ انیس سو چوالیس کے بعد، جنگ میں مارے جانے والوں کی تعداد، اس کے دو سال پہلے جنگ میں مارے گئے لوگوں سے کہیں زیادہ تھی۔ اس لیے یہ کہا جا سکتا ہے کہ نازی ہٹلر کے خلاف، انقلاب کی تشہیر کہیں زیادہ ممکن ہو سکتی تھی۔ اور اس طرح یہ ہمارے عہد کی ثقافت کے لیے ایک گرانقدر اہمیت کی حامل ہو سکتی تھی۔ اور یہ حقیقت کہ نازی جرمن لیڈر ہٹلر کے کچھ اپنے ہی افسر و عہدیدار اس کے خباف اٹھ کھڑے ہوئے تھے، یہ آج کی دنیا میں بھی جرمنی کو امن کے لیے اور بطور امن گر ایک نمایاں پوزیشن دے سکتی تھی۔ لیکن کیا ایسا ہوا ہمیں دکھائی دیتا ہے؟

دوسری جنگ عظیم کے خاتمے کے بعد، جرمنی نے نازی ازم، اس کے معاشرے پر اثرات اور قوم میں اس کے جراثیموں کو ختم کرنے کے لیے جو اقدامات لیے وہ بیشک قابل ستائش ہیں لیکن جرمنی میں سنہ انیس سو اڑسٹھ تک یہ سوچ عام تھی کہ ملک میں کوئی، بائیں بازو کا انقلاب اپنی راہ ہموار کر رہا ہے اور اس زمانے میں لوگ یہ بات فراموش کر چکے تھے کہ جرمنی میں دنیا کے بدترین آمر مطلق اور آدم بیزار، انسانیت دشمن، اڈولف ہٹلر کے خلاف، بغاوت کرنے والے، کٹر کیتھولک اور دائیں بازو سے تعلق رکھنے والے شہری تھے۔ تعجب انگیز بات یہ ہے کہ ہٹلر کے خلاف بغاوت کے موضوع پر ایسا کوئی ایک بھی ناول جرمنی میں شائع نہیں ہوا جو حقائق سے پردہ اٹھاتا ہو۔

سنہ انیس سو ننانوے میں مشرقی و مغربی جرمنی کے الحاق کے بعد، پہلی بار جرمن لوگوں میں روحانی عناصر کی تلاش کا عمل شروع ہوا اور انہوں نے کلاؤس گراف ون سٹاؤ

فنبرگ جیسے "اخلاقی باغی" کی باقیات پر غور کرنا شروع کیا۔ کلاؤس گرافن سٹاؤفنبرگ کی جانب سے، ہٹلر جیسے ظالم و جابر کے خلاف "بغاوت" کی بازگشت پہلی بار، بیس جولائی سنہ انیس سو چورانوے میں تب سنی گئی جب جرمنی میں کلاؤس گراف ون سٹاؤفنبرگ اور اس کے ساتھیوں کو باقاعدہ تعظیم و شوکت سے نوازتے ہوئے، ان کی طرف سے بغاوت کئے جانے کے دن یعنی، بائیس جولائی سنہ انیس سو چوالیس کی یاد میں، بیس جولائی کا دن "قومی تعطیل" کا دن قرار دیا گیا۔

سٹیی ڈیلیئر کے ناول "جولائی کے دو دن" کی اہمیت اس لیے بھی بہت زیادہ بڑھ جاتی ہے کہ یہ ناول ہمیں سنہ انیس سو تیس کے اس جرمنی سے بھی تفصیل کے ساتھ روشناس کراتا ہے جس میں۔ بڑی خاموشی کے ساتھ قومیت پرست، دائیں بازو کی قوتوں نے خود کو منظم کیا اور پھر آہستہ آہستہ ایوان اقتدار تک جا پہنچیں اور پھر دوسری عالمگیر جنگ شروع کر کے انسانیت سوز "ھولوکاؤسٹ" جیسے اجتماعی انسانیت بھسم کرنے والے جرائم کا مرتکب ہوئی۔

دیکھا جائے تو آج بھی یورپ کے کئی ایک ممالک میں، سنہ انیس سو تیس والے جرمنی کی سی صورت حال کی زیر زمیں تحریک دکھائی دیتی ہے۔ کئی یورپی ممالک میں اسی طرح کے دوہرے قوانین بنائے جا رہے ہیں جو شہریوں کو ایک دوسرے پر فوقیت دیتے اور امتیازی حیثیت دیتے ہیں۔ مقامی لوگوں کے مقابلے میں ان یورپی ممالک میں غیر یورپی تارکین وطن کے حقوق کو محدود رکھے جانے والے قوانین متعارف کرائے جا رہے ہیں اور خود، ڈنمارک بھی ایسی ہی پھسلن پر چلنے کی کوشش کر رہا ہے۔ یہاں بھی دائیں بازو کے کئی سیاستدان اور ایک دو قومیت پرست قومی و علاقائی سیاسی پارٹیاں، ایسے دوہرے قوانین کی مانگ کر رہی ہیں جو طبقاتی تفرقات کی پیدائش کا پیش خیمہ ثابت ہو سکتے ہیں۔

ڈینش ادیب، سٹیی ڈیلیئر کا یہ ناول "جولائی کے دو دن" اب اردو میں ہمارے سامنے ہے۔ اردو میں اس کا ترجمہ جناب اسد ملک نے کیا ہے جو اس سے پہلے سٹیی ڈیلیئر کے ایک اور ناول کا ترجمہ کر چکے ہیں۔ "نیلاہٹ میں سفر" نام سے اردو میں شائع ہوا، یہ ناول عالمگیر شہرت رکھنے والے ڈینش مصنف و شاعر ہانس کرسچئین اینڈرسن کی زندگی کا احاطہ کرنے والا یہ پہلا ناول ہے جو اردو میں شائع ہوا ہے اور بیشک مترجم اسد ملک نے اس کا اردو میں ترجمہ کرنے کا پورا حق ادا کیا ہے۔

"جولائی کے دو دن" ناول کے مصنف، سٹیی ڈیلیئر کا خیال ہے کہ کلاؤس گراف وَن سٹاؤفنبرگ اور ان کے ساتھیوں جیسے "اخلاقی باغیوں" کی کہانی کو دوبارہ سامنے لانے اور اسے یاد رکھنے کے لیے فی زمانہ، اس سے بہتر کوئی اور وقت ہو ہی نہیں سکتا۔

میں خود سمجھتا ہوں کہ فی الوقت عالمگیر سطح پر جس طرح انتہا پسند قومیت و مذہب کے نام پر متشددانہ قتل و غارت گری میں ملوث و متحرک ہیں اور جس طرح کئی ایک خطوں میں جنگ و جدل جاری ہے اور مختلف ممالک اور ریاستیں ایک دوسرے کے خلاف نبرد آزما ہیں اور ایک جدید استعمار، کئی ایک ملکوں میں طاقت کے بل پر گھسے بیٹھا ہے اور بعض مغربی ممالک میں نسلی تعصب و منافرت اور اقلیتوں اور خاص کر مسلمانوں کے ساتھ آئے روز نت نئے انداز میں ان کی تذلیل کرنے کے ہتھکنڈے اپنائے جا رہے ہیں، ہمیں سٹیی ڈیلیئر کا ناول "جولائی کے دو دن" اس امر کی جانب متوجہ کرتا ہے کہ ہم نسلی و لسانی، مذہبی و سیاسی تعصب و منافرت اور بغض و عناد اور مکاری کے خلاف کس طرح مل کر جدوجہد کر سکتے ہیں اور ایک پر امن دنیا و عالمگیر معاشرے کے لیے متحد ہو کر ان قوتوں کا قلع قمع کر سکتے ہیں جو آج بھی "انسانیت" کو مٹا دینے کے درپے ہیں۔ اپنے اس ہدف کو پانے کے لیے شاید ہمیں کلاؤس گراف وَن سٹاؤفنبرگ جیسے "اخلاقی باغی" کو

سمجھنے کی بہت زیادہ ضرورت ہے اور بیشک جناب اسد ملک کا ترجمہ کیا گیا، ڈینش ادیب سٹیی ڈیلیئر کا ناول "جولائی کے دو دن" ہماری معاونت کر سکتا ہے۔

تہذیب و تمدن، بعض اوقات بہت ہی نازک ہوتی ہے۔ ہمیں لازمی طور پر ہر لحاظ سے اس کا تحفظ و دفاع کرنا چاہیے اور اس کا نفاذ کرنا چاہیے۔ ہمیں اپنے بنیادی حقوق کے لیے جدوجہد کرنی چاہیے اور بیشک دنیا کا ادب اس سلسلے میں، اپنے بیانیہ اثرات سے ہماری، شخصی سیاسی و مذہبی اور ذاتی زندگی کو نہ صرف پر امن و خوشگوار بنا سکتا ہے بلکہ یہ ہر کسی کے لیے سود مند ہو سکتا ہے اور شائد یہی کچھ ہے جو ڈینش مصنف سٹیی ڈیلیئر خود بھی چاہتے ہیں اور، اسد ملک ان کے اس پیغام کو "جولائی کے دو دن" نامی ناول کے روپ میں، اہل اردو کے سامنے پیش کر رہے ہیں۔ یہ ناول محض کوئی کتھا، کہانی، قصہ یا داستاں نہیں بلکہ امن کے چاہنے والوں کے لیے، عمل کے انداز کی راہیں بھی ہموار کرتا ہے۔

اردو زبان میں پہلی بار شائع کیے گئے "جولائی کے دو دن" نامی متذکرہ بالا ناول کی تقریب رونمائی، بیس جولائی کو اسلام آباد میں منعقد ہو رہی ہے۔

☆☆☆

اردو میں رپور تاژ نگاری

ڈاکٹر مظہر احمد

مصنف: سیماب مرتب: عبد العزیز

تبصرہ نگار: ڈاکٹر مظہر احمد

رپور تاژ کی ادبی، تاریخی اور سماجی اہمیت سے نکار نہیں کیا جا سکتا۔ صحافت اور ادب نیز رپورٹ اور افسانے کے امتزاج سے وجود میں آنے والی یہ صنفِ ادب مغرب میں پہلے ہی وجود میں آ چکی تھی۔ اردو میں اس صنف کے ابتدائی نقوش چند ادیبوں کی تحریروں میں جستہ جستہ نظر آتے ہیں مگر باقاعدہ طور پر ترقی پسند ادیبوں نے ہماری اس صنف کی طرف توجہ صرف کی۔

ہمارے پیش نظر کتاب " اردو میں رپور تاژ نگاری " اس موضوع پر پہلی باضابطہ کتاب ہے۔ اس کا پہلا ایڈیشن اب سے تقریباً ۲۷ سال قبل شائع ہوا تھا۔ گویا یہ نقشِ ثانی ہے۔ صاحب کتاب جناب عبد العزیز صاحب نے نہایت عرق ریزی اور باریک بینی سے اس صنف کا نہ صرف یہ کہ مطالعہ کیا بلکہ اس پر قلم اٹھانے میں ایک طرح سے اولیت بھی حاصل کی۔ موصوف کی اس کتاب سے قبل ہمارے چند چند بڑے ناقدوں نے کتابوں کے مقدموں میں اس صنف کی ادبی اہمیت و افادیت پر تبصرے کیے تھے اور بس۔ یہ عبد العزیز صاحب ہی ہیں، جنھوں نے نہایت محنت و مشقت سے اس صنف پر طبع آزمائی

کی ہے۔ کتاب میں ایک ضخیم مضمون "رپورتاژ، آغاز اور تدریجی ارتقا" کے عنوان سے قلم بند کیا ہے، جس میں اس صنف کی ابتدا کے تعلق سے ادبی و سیاسی و سماجی پس منظر پر تفصیل سے بحث کرنے کے بعد رپورتاژ کی تعریف متعین کرنے کی کوشش کی ہے اور رپورتاژ کے ادبی منصب کے ساتھ ساتھ اس کی فنی صلاحیتوں پر بھی اظہارِ خیال کیا ہے۔ کسی ایسے موضوع پر قلم اٹھانا کہ جو نیا ہوا اس پر زیادہ مواد بھی موجود نہ ہو، جان جوکھوں کا کام ہے مگر صاحبِ کتاب نے تحقیق و تنقید کا حق ادا کر دیا ہے اور اس کا سب سے بڑا ثبوت یہ ہے کہ آج ہندوستان کی کئی درسگاہوں میں مذکورہ کتاب نہ صرف یہ کہ شاملِ نصاب ہے بلکہ اسے Text Book کی حیثیت بھی حاصل ہے۔

اس کتاب کی اہمیت و افادیت کا ایک پہلو یہ بھی ہے کہ اس میں اردو کے سولہ رپورتاژوں کا متن بھی شامل کیا گیا ہے اور اس طرح پہلی اور تادمِ تحریر آخری مرتبہ چند رپورتاژ عام قاری کی دسترس میں آئے۔ اس لئے کہ رپورتاژوں کی ہے جو اخبار و رسائل کی فائلوں میں گم ہیں اور عام قاری کا ان تک پہنچنا کارِ دراز ہے۔ عبدالعزیز صاحب کے اس انتخاب کو نہایت عمدہ اور چنندہ کہا جاسکتا ہے اور انھیں عام طور پر موضوع کے اعتبار سے دو حصوں میں بانٹا جاسکتا ہے۔ ایک وہ رپورتاژ جن کا تعلق ترقی پسند ادبی تحریک سے ہے۔ ان میں یادیں (سجاد ظہیر)، بمبئی سے بھوپال تک (عصمت چغتائی)، ایک ہنگامہ (صفیہ اختر)، کہت کبیر سنو بھئی سادھو (پرکاش پنڈت) اور سفر ہے شرط (قاضی عبدالستار) وغیرہ نہایت کامیاب اور اہم رپورتاژ ہیں۔ دوسرے وہ رپورتاژ جن میں تقسیم ہند کے پس منظر میں برپا ہونے والے خونی فسادوں کی روداد بیان کی گئی ہے۔ ایسے رپورتاژوں میں چھٹا دریا (فکر تونسوی) اور پو پھٹے (خدیجہ مستور) اردو کے نمائندہ رپورتاژ ہیں۔ نقشِ ثانی میں چند رپورتاژوں کے اضافے نے اس کتاب کی اہمیت

کو دوبالا کر دیا ہے۔

کتاب کے پہلے اور دوسرے ایڈیشن کے درمیان رپورتاژ پر چند تنقید مقالے اور وجود میں آچکے ہیں مگر اس کتاب کی اولیت ہمیشہ قائم رہے گی۔ کتاب کا جدید ایڈیشن حسنِ طباعت سے بھی آراستہ ہے۔ سرورق نہایت جاذبِ نظر ہے۔ مختصراً کہا جاسکتا ہے کہ عبدالعزیز صاحب نے طلبا اور اساتذہ کی ایک دیرینہ خواہش کا احترام کرتے ہوئے اس کتاب پر بہت محنت صرف کی ہے۔

☆☆☆

کھلا آکاش

ڈاکٹر ظفر مراد آبادی

شاعر: سیماب سلطانپوری

تبصرہ نگار: ڈاکٹر ظفر مراد آبادی

زیر تبصرہ کتاب "کھلا آکاش" سیماب سلطانپوری کا دوسرا شعری مجموعہ ہے۔

حلقۂ تشنگانِ ادب دہلی ایک ایسا ادارہ کہ ہے جس میں ہر مذہب و ملت و مسالک کے شعرا شریک ہوتے ہیں اور سیماب سلطانپوری جو اس حلقے کے جنرل سکریٹری ہیں سب کا خیر مقدم کرتے ہیں اسی لیے وہ کہتے ہیں:

شناسائی کسی سے کیا کرے گا
جسے خود سے شناسائی نہیں ہے
کھل کر ملو تو کھل کے کوئی بات ہو سکے
حائل جو درمیاں ہے تکلف ہٹائیے

سیماب صاحب بڑی صاف ستھری شاعری کرتے ہیں جن کے بارے میں جناب مظہر امام صاحب اپنے خیالات کا اظہار کرتے ہوئے لکھتے ہیں کہ:

"سیماب کے یہاں کلاسیکی رکھ رکھاؤ بھی ہے اور نیا رنگ و آہنگ بھی۔ دونوں کے امتزاج اور اشتراک سے انہوں نے اپنے لئے ایک ایسا راستہ نکالا ہے جو فوری طور پر متاثر

کرنے کی صلاحیت رکھتا ہے۔ ان کے یہاں ایک سنبھالا ہوا لہجہ ملتا ہے۔ وہ الفاظ کے جمالیاتی دروبست کا خاص خیال رکھتے ہیں۔ اپنے جذبات واحساسات اور تجربات کو خوش آہنگی کے ساتھ شعری جامہ پہنانا سہل نہیں۔ سیماب سلطانپوری یہ کارِ مشکل آسانی سے انجام دیتے ہیں"۔

سیماب سلطانپوری نے "عرضِ شاعر" عنوان کے تحت جہاں اپنے معروضات پیش کیے ہیں وہاں اپنے بزرگوں اور دوستوں کا ذکر بھی بڑے اور نیک نیتی کے ساتھ کیا ہے۔ کتاب کی ابتدا میں اپنے استادِ محترم جناب ڈی۔ راج کنول کے پچاسویں جنم دن پر چودہ اشعار کی ایک نظم بھی دی ہے جو ان کی اپنے استاد سے عقیدت کی ترجمان بھی ہے۔ اس مجموعے کی ابتدا میں حمد اور دو نعتوں کے ساتھ تقریباً اناسی غزلیات شامل ہیں۔

مجموعی طور پر سیماب صاحب کا یہ دوسرا شعری مجموعہ ان کی شخصیت کی طرح خوبصورت اور خوب سیرت ہے جس کی یقیناً پذیرائی ہو گی۔

☆☆☆

بیان: منظر، پس منظر

ابو ظہیر ربانی

بیان: منظر، پس منظر

مرتب: ڈاکٹر مشتاق احمد

تبصرہ نگار: ابو ظہیر ربانی

"بیان: منظر، پس منظر" دانشوروں، نقادوں اور افسانہ نگاروں کے خیالات کے اظہار کا مجموعہ ہے، جسے ڈاکٹر مشتاق احمد نے ترتیب دیا ہے۔ مجموعہ ۱۳ مضامین اور ایک انٹرویو پر مشتمل ہے۔ مشرف عالم ذوقی کے ناول "بیان" کی اہمیت سے سوائے ڈاکٹر مظہر احمد کے تمام مضمون نگار متفق ہیں۔ چوں کہ سبھی نقادوں کے خیالات کو قلم بند کرنا اس تبصرہ میں ممکن نہیں چنانچہ چند ادیبوں کے خیال پر اکتفا کرتا ہوں۔ محمد حسن "بیان" پر اپنی رائے کا اظہار "ایک خط ذوقی کے نام" میں یوں کرتے ہیں:

ذوقی تم نے ایک عظیم ناول لکھا ہے بیان! اور خونِ جگر سے لکھا ہے۔ ہر لفظ کثرت استعمال سے گونگا ہو جاتا ہے۔ میرے لفظوں کا بھی یہی حال ہے کہ وہ اس دھڑکتے ہوئے ناول کی کیفیات کو بیان کرنے کی قدرت نہیں رکھتے"۔

انور سدید "لاجواب بیان" میں لکھتے ہیں:

میں اسے اردو کا ایک عمدہ ناول تصور کرتا ہوں۔ اس کے آئینے میں ہم بر صغیر کی

وارداتوں کے متعدد عکس دیکھ سکتے ہیں۔"

بقول انور عظیم " یہ بیان نہیں ! وقت کی مہر ہے۔ واردات دل و شعور کی دستاویز" علقمہ شبلی نے "بیان" کو گنگا جمنی تہذیب کا استعارہ قرار دیا ہے۔

مندرجہ بالا نقادوں اور تخلیق کاروں نے "بیان" سے متعلق جس طرح کے فیصلے صادر کیے ہیں، اس سے ناول کی اہمیت کا اندازہ بخوبی لگایا جاسکتا ہے۔ اسی طرح کے خیالات کا اظہار مجموعے میں شامل دیگر نقادوں کے مضامین میں دیکھے جاسکتے ہیں۔ مشتاق احمد، اویس احمد دوراں، رام پر کاش کپور، مشتاق احمد نوری کے مضامین اور عابد سورتی کا خط خصوصی توجہ کے مستحق ہیں۔ ذوقی کی حساسیت، صاف گوئی، بے باکی اور تلخ سچائی کا اعتراف سب کو ہے۔ سبھوں نے "بیان" کو دستاویزی اور اجتہادی ناول قرار دیا ہے۔ تمام مضامین کے مطالعے سے اس بات کا اشارہ ملتا ہے کہ "بیان" کی تخلیق ذوقی کے عمیق مشاہدات و تجربات کا نتیجہ ہے۔ بعض نے اس بات کا شکوہ کیا ہے کہ ناول میں کہیں کہیں ذوقی کا لہجہ تلخ ہو جاتا ہے اور وہ اپنے جذبات پر قابو نہیں رکھ پاتے تو بعض نے زبان اور فن پر بہر کیف ! "بیان" جیسے ناول کو سمجھنے کے لیے زیر تبصرہ کتاب قاری سے سنجیدگی کے ساتھ مطالعہ کا تقاضا کرتی ہے۔

☆☆☆

ہل جو تا

نازنین ممتاز

کتاب کا نام: ہل جو تا (افسانے)
مصنف: اشتیاق سعید
سن اشاعت: ۲۰۰۶
صفحات: ۱۲۸
قیمت: ۱۰۰ روپے
مطبوعہ: اعظمی پبلی کیشن، ممبئی
تبصرہ: نازنین ممتاز

ادب کی کوئی بھی صنف ہو، اس میں زندگی کی روداد ہی پیش کی جاتی ہے۔ وہ صنف ادب ناول ہو، افسانہ ہو، شاعری ہو یا پھر سوانح ہاں یہ ضرور ہے کہ مختصر افسانے میں زندگی کے کسی ایک گوشے یا واقعہ کا عکس پیش کیا جاتا ہے۔

اردو ادب میں مختصر افسانے کی تاریخ زیادہ قدیم نہیں۔ بیسویں صدی کے اوائل میں مایہ ناز فکشن نگار منشی پریم چند کے ہاتھوں اس کی بنیاد پڑی۔ پریم چند نے اپنی جدت طبع اور ندرت بیان کے وسیلے سے اردو فکشن نگاری کی ایک درخشاں روایت کا آغاز کیا۔

اسی درخشاں روایت کے بطن سے سعادت حسن منٹو، راجندر سنگھ بیدی، کرشن چندر اور احمد ندیم قاسمی جیسے ممتاز فن کار پیدا ہوئے۔ اشتیاق سعید اسی روایت کی ایک کڑی ہیں۔ اشتیاق سعید کے افسانوں میں گاؤں کی زندگی، اس کے مسائل و مناظر کا دلچسپ اظہار ادب کے تمام فنی محاسن کے ساتھ ملتا ہے۔

زیر تبصرہ کتاب 'ہل جو تا' ۱۸ مختصر افسانوں پر مشتمل ہے جن میں سے چند قاری کے ادبی ذوق کو مہمیز کرتے نظر آتے ہیں۔ بطور خاص 'پر کوپ'، 'پتر و دھو'، 'ریوڑ'، 'ماں'، 'بہروپئے' اور 'بہ رضائے صنم' کا ذکر ناگزیر ہے۔ یہ افسانے جہاں ایک طرف زندگی کی تلخ حقیقتوں کا عکس پیش کرتے ہیں وہیں دوسری جانب ان میں ہندوستانی معاشرے کے اوپر بھرپور طنز بھی ملتا ہے۔ ہم جو خود کو اس مہذب دنیا کے باسی تصور کرتے ہیں، حقیقتاً اپنے نفس کے غلام ہو کر آج بھی اسی دور میں جی رہے ہیں جہاں اعلیٰ و ادنیٰ کی ظالمانہ تفریق اور انسانی رشتوں کی پامالی عام بات تھی۔ سماج کے ان رستے ہوئے ناسوروں کو بے نقاب کرنے کی کوشش میں مختصر افسانہ دور جدید کے استعارے کی شکل میں سامنے آیا ہے۔ اشتیاق سعید نے اس استعارے کو لفظی پیکر عطا کرتے ہوئے اپنے احساسات اور واردات قلبی کی شکل میں صفحہ قرطاس پر بکھیرا ہے۔ یہی ان کے فن کا کمال ہے۔

'ایک کفن' اور 'پرانی دھرتی کا عذاب' اس نوعیت کے افسانے ہیں جن میں زمینداروں کا ظلم، مزدوروں کا استحصال پریم چند کی یاد دلاتے ہیں۔

'بہروپئے'، 'استھتی سامانیہ ہے' جیسے افسانوں میں سیاستدانوں اور پولس اہلکاروں کی شرمناک ظلم و بربریت نے گجرات کے فسادات کو نگاہوں میں زندہ کر دیا۔ خصوصی طور سے افسانہ 'بہروپئے' میں پیش کردہ فساد متاثرین کے دردناک واقعات پڑھ کر بابری مسجد کی شہادت کے بعد پھوٹ پڑنے والے فرقہ وارانہ فسادات کے خونی مناظر آنکھوں

میں رقص کر جاتے ہیں۔

افسانے کے فن پر بات کریں تو اشتیاق سعید اس معیار پر بھی پورے اترتے ہیں۔ موصوف موضوع و مقام کے مطابق زبان و بیان کا استعمال کرتے ہیں۔ ان کے افسانوں میں وحدت تاثر بھی پایا جاتا ہے۔ ان کے افسانوں کا اختتام اتنا افسانوی ہوتا ہے کہ کہانی کاغذ پر ختم ہوتے ہی قاری کے ذہن میں چلنا شروع ہو جاتی ہے۔

اشتیاق سعید کا انداز تحریر بیانیہ ہے جو اس بات کا غماز ہے کہ موصوف رچا ہوا فنی شعور رکھتے ہیں۔ ان جملہ فنی محاسن کے درمیان جو ایک بات کھٹکتی ہے وہ مصنف کا اسلوب ہے جس میں خالص ہندی الفاظ و دیہاتی بولیوں کی آمیزش ہے۔ افسانہ 'ماں' اشتیاق سعید کا ایک کامیاب افسانہ ہے۔ یہ عورت کو کامیابی کا زینہ بتانے والے ان تجارت پیشہ اشخاص کی کہانی ہے جو ایک مفلس مگر باغیرت انسان کو مجبور کرتے ہیں کہ متاع زیست کے بدلے اپنی بیوی کی عزت کا سودا کر لے۔ مگر وہ غیور انسان اپنی خودداری اور عزت نفسی کو اسیری کی چوکھٹ پر نیلام کرنے کی جگہ فاقہ کشی کو غنیمت جانتا ہے۔ یہ افسانہ دراصل ہمارے ملک کے نظام حکمرانی کے اوپر ایک زبردست طنز ہے جو شعوری اور غیر شعوری طور پر معاشرتی تفریق اور ناانصافی کو فروغ دیتا ہے۔ جس طرز حکومت میں مفلس ہونا ایک گناہ عظیم ہے اور اس گناہ کا کفارہ اپنی خودداری اور عزت نفس کو قربان کر کے ادا کرنا پڑتا ہے۔ اشتیاق سعید کا یہ افسانوی مجموعہ قاری کو گاؤں کی فضاؤں کی سیر کرانے کے ساتھ ساتھ شہروں کی حقیقتوں سے بھی واقف کراتا ہے۔ افسانہ 'بہ رضائے صنم' اور 'پتر ودھو' میں واقعات کا تفصیلی ذکر نہ کر کے اگر صرف علامتوں کے ذریعے بیان کر دیا جاتا تو بہتر ہوتا۔ یہ قاری کے ذوقِ طبع پر گراں گزرتا ہے۔ 'بجو کا' اور 'بیری کا پیڑ' میں علامتی پیرایۂ اظہار اختیار کرنے کی کامیاب کوشش کی گئی ہے جس کی

تعریف ہونی چاہئے۔ یوں تو 'ہل جوتا' اشتیاق سعید کی ایک کامیاب تصنیف ہے لیکن ایک دو جگہوں پر بعض جملے ذہن میں کھٹکتے ہیں۔ مثلاً "پرانی دھرتی کا عذاب' میں ایک جملہ ہے۔ 'بی ایڈ کر کے سی کالج میں لکچرر ہو سکتے تھے'۔ واضح ہو کہ بی ایڈ کر کے لکچرر نہیں بنا جا سکتا، ہاں اسکول ٹیچر بننا کسی حد تک درست ہے۔ آخری ورق پر سلام بن رزاق نے جو اپنے خیالات اشتیاق سعید کے لئے بیان کئے ہیں، میں بھی ان سے کسی حد تک متفق ہوں۔ بلاشبہ وہ ایک منجھے ہوئے افسانہ نگار ہیں اور عام واقعاتِ روز مرہ کے مسائل کو اپنے افسانوں کا موضوع بنا کر اپنے فن کو زندگی کا ترجمان بنا دیا ہے۔ ایک اہم بات جس کا ذکر ناگزیر ہے، ہر ادب پارہ اپنے مخصوص تہذیبی انسلاکات کا خوگر ہوتا ہے۔ اور یہی اشتیاق سعید کے ساتھ بھی ہوا ہے۔

☆☆☆

سلم بچ ملینئر : کل یگ کا بجو کا بن گیا شیر

دانش ریاض

کتاب کا نام: سلم بچ ملینئر : کل یگ کا بجو کا بن گیا شیر

مصنف: عبد العزیز خان

سن اشاعت: جون ۲۰۱۰

صفحات: ۲۳۹

قیمت: ۱۵۰ روپے

ملنے کا پتہ: کتاب دار، ۱۱۰/۱۰۸ جلال منزل، گرانڈ فلور، ٹیمکر اسٹریٹ، ممبئی۔

تبصرہ: دانش ریاض

ممبئی ایسے خوابوں کی سرزمین ہے جس کی تعبیر ہر کسی کو نہیں ملتی، لیکن عبد العزیز خان ایسے افسانہ نگار ہیں جنہوں نے عروس البلاد کی حقیقتوں کو صفحہ قرطاس پر منتقل کر کے تعبیر پیش کرنے کی کوشش کی ہے۔

ممبئی و مضافات کی داستانوں کو بجو کا کے خالق نے جس خوش اسلوبی کے ساتھ پیش کیا ہے اس کی نظیر نہیں ملتی۔ شاید ملک کی معاشی راجدھانی ممبئی کو اس زاویے سے دیکھنے والے کم ہی لوگ رہے ہیں۔ دراصل خان صاحب کی تحریر کی خاصیت یہ ہے کہ انہوں

نے ممبئی میں نہ صرف زندگی گزاری ہے بلکہ دوسروں کو بھی زندگی گزارنے کا ہنر سکھایا ہے۔

بھرے پڑے شہر میں لاکھوں افراد کسی واقعہ یا حادثہ کو روزانہ دیکھتے ہیں لیکن بہت کم لوگ ایسے ہوتے ہیں جو واقعات کی تہہ میں اتر کر حقیقت حال کا ادراک کر سکیں۔ ممبئی سے دھانو اور لوناولا تک محیط حدود اربعہ کی روشنی میں جو افسانے بنے گئے ہیں ان میں بعض تو ایسے ہیں جن کے حقائق سے خال خال لوگ ہی واقف ہیں۔ لیکن اپنی عمر کے ۶۹ بہاریں دیکھنے والے نے جہاں لٹریری طور پر ایم اے کی پڑھائی کی ہے وہیں علم الرجال کے لئے ایل ایل بی بھی کیا ہے۔

ایک ایڈوکیٹ جس کے پاس بھانت بھانت کے لوگ اپنے معاملات لے کر آتے ہیں اگر وہ انہیں صفحات پر منتقل کرے تو یقیناً اس سے یہی امید کی جاسکتی ہے کہ وہ لوگوں کو حقیقی صورت حال سے واقف کرائے گا۔

سلم بچ ملینئر: کل یگ کا بجو کا بن گیا شیر! آپ کے ۲۸ افسانوں اور ۳۶۰ یک سطری کہانیوں کا ساتواں اور شاید بہ زبان خویش یہ ان کا آخری مجموعہ ہے۔ حالانکہ اس سے قبل "مونالیزا کی مسکراہٹ"، "یہ ہے بمبے میری جان"، "فساد، کرفیو، کرفیو کے بعد، " "کل یگ کا بجوکا" "ایک اور بجوکا" "اور بجوکا ننگا ہو گیا" نامی افسانے اہل علم و ادب سے خراج تحسین وصول کر چکے ہیں۔

دراصل کل یگ کے بجوکا کو شیر بنا کر خان صاحب نے جس خوبصورتی کے ساتھ حسین و جمیل ممبئی کو بے نقاب کیا ہے اس کی مثال سلم بچ ملینئر میں آنندی کے کردار میں اس طرح ملتی ہے کہ "وہ دھاراوی سے ماہیم تک پیدل چل کر کچرا چنتی، کبھی دل چاہتا تو لوکل ٹرین میں بیٹھ جاتی، جب وہ دیکھتی کہ ٹی سی لوگوں کو بغیر ٹکٹ پکڑ رہا ہے لیکن

اس کی طرف دیکھتا تک نہیں تو اسے بڑی خوشی ہوتی۔ اپنے آپ کو ممبئی کی مہارانی سمجھتی ،ایک بار تو اس نے ٹی سی سے کہا بھی تھا" مجھے پکڑو میں نے بھی ٹکٹ نہیں لیا ہے۔ "اس پر ٹی سی نے کچھ نہیں کہا، بس ہنس کر رہ گیا!!

اس کے بعد خان صاحب افسانے کو آگے بڑھاتے ہوئے رگھو کے کردار میں آنندی کا حشر اس طرح بیان کرتے ہیں۔

رگھو اٹھا اور تیار ہوا۔ آنندی بھی تیار ہو گئی۔ دونوں ماہیم سے دادر پہنچے اور پونہ کی ٹرین میں سوار ہو گئے ،ٹرین میں بھیڑ نہیں تھی۔ دونوں کو سیٹیں مل گئیں۔ جب ٹرین کرجت سے آگے پونہ کی طرف بڑھی تو خوبصورت وادیاں نظر آنے لگیں۔۔۔۔۔۔۔۔۔۔۔۔۔۔۔رگھو نے آواز دے کر آنندی کو بلایا۔ آنندی بھی وہاں آ گئی۔ ہوا سے آنندی کے بالوں کی لٹ اڑنے لگی۔ رگھو کی انگلیاں آنندی کے پیٹھ پر چلنے لگیں اور انگلیوں کے لمس نے اس کے جسم میں سنسنی پھیلا دی۔ پھر رگھو آنندی کو گد گدی کرنے لگا۔ وہ ہنستی رہی لیکن اس کا توازن بگڑ گیا اور وہ ٹرین سے پھسل کر نیچے گری اس کے بعد؟؟؟

ٹرین اپنی رفتار سے چلتی رہی چلتی رہی

رگھو نے چین نہیں کھینچی!!!!!

اس افسانے میں آنندی کی دولت پر رگھو نے کس طرح قبضہ کیا۔۔۔۔۔۔ اور ممبئی رگھو جیسے ظالموں سے کس طرح بھری پڑی ہے۔۔۔ بیان کرتے ہوئے جہاں وہ ممبئی کے قاری کو ہمہ وقت چوکنّا رہنے کا درس دے جاتے ہیں وہیں ممبئی سے دور بیٹھے ہوئے لوگوں کو یہاں کے گلی محلوں کی سیر کراتے ہوئے زبان و تہذیب، عادات و اطوار سے بھی باخبر کر دیتے ہیں۔

البتہ یہ ایک حقیقت ہے کہ سینکڑوں افسانے صفحہ قرطاس پر منتقل کرنے کے بعد بھی خان صاحب کی وہ پذیرائی حاصل نہیں ہو سکی جس کا وہ حق رکھتے ہیں۔ شاید اس کی ایک وجہ تو یہ ہے کہ وہ کسی سنڈیکیٹ میں شامل نہیں ہیں جو انگوٹھا چھاپ کو بھی جغادری بنا کر پیش کرتا ہے۔ اسی طرح نہ ہی کوئی مخصوص حلقہ ہے جو ان کی چیزیں عام لوگوں تک پہنچائے بلکہ کتابوں کی نشر و اشاعت سے لے کر قارئین تک پہنچانا بھی خان صاحب از خود کرتے ہیں۔ آخر اس کی کیا وجہ ہے معلوم نہیں!

چونکہ اردو کے قارئین کی تعداد جس طرح کم ہوتی جا رہی ہے ویسے ہی اچھی چیزوں پر اپنی آراء پیش کرنے اور مارکیٹ میں آئی نئی کتابوں پر نقد و تبصرہ کرنے والے بھی کم ہوتے جا رہے ہیں۔ جہاں تک ہمارے ناقدین کا تعلق ہے تو یہ بات کسی سے بھی پوشیدہ نہیں ہے کہ ہمارے ناقدین کو گروہ بندی سے اتنی فرصت نہیں ملتی کہ وہ حقیقی مصنف کی پذیرائی کر سکیں اور ان کے حق میں کھل کر لکھ سکیں۔ کاش کہ Maximum City کے خالق سوکیتو مہتا کی طرح ان کی بھی پذیرائی ہوتی اور عوام و خاص تک ان کے افسانوں کو بھی پہنچایا جاتا۔ خان صاحب کی کہانیوں کو آج بھی ایک حقیقی ناقد کا انتظار ہے۔

☆☆☆

گلشن اطفال

سید مجیب الرحمن

کتاب کا نام: گلشن اطفال

مصنف: سید مجیب الرحمن

سن اشاعت: ۲۰۰۷ء

صفحات: ۱۴۴

قیمت: ۷۵ روپے

پبلشر: ۵۵۰، حکیم جی اسٹریٹ، چوڑی والان، جامع مسجد، دہلی

انسانی زندگی میں اخلاق و کردار کی بلندی اور سنجیدگی و شگفتگی کس قدر ناگزیر ہے، یہ بیان کرنے کی چنداں ضرورت نہیں۔ ترقی و ماڈرنزم کی تیز و تند لہریں اور مادہ پرستانہ ذہنیتیں بھی اخلاقی قدروں کی اہمیت و افادیت کو کم نہ کر سکیں۔ یہ اخلاقی قدریں انسان میں کہاں سے آتی ہیں؟ اس سوال کا جواب دینا بڑے بڑے محققین کے لئے بھی دشوار ہے۔ لیکن ہاں! والدین کی مشفقانہ تربیت، اساتذہ کی مربیانہ نصیحت اور قصے، کہانیوں کی شکل میں اخلاقی تعلیمات پر مشتمل لٹریچر، بعض ایسے ابتدائی وسائل مانے جاتے ہیں جو انسان کی اخلاقی تربیت اور کردار سازی میں معاون ہوتے ہیں۔

ہم جانتے ہیں کہ اگر کسی پودے کی ابتدائی نشو و نما کے دوران اس کا مکمل دھیان رکھا جاتا ہے تبھی وہ پھل دار اور تناور درخت کی صورت اختیار کر پاتا ہے۔ اس لئے اخلاقیات کی نشو و نما کے لئے بھی کم عمری میں ہی توجہ دینا ضروری ہے۔ یہی وجہ ہے کہ گزشتہ عہد میں ہمارے اسلاف، بچوں کے لئے ایسے لٹریچر کی فراہمی پر بہت زیادہ توجہ دیا کرتے تھے جو ان کی اخلاقی ترقی کا ضامن بن سکے۔ ادب اطفال پر جہاں ماضی میں مائل خیر آبادی، حفیظ جالندھری، علامہ اقبال اور ماہر القادری جیسے کہنہ مشق ادباء و شعراء نے کام کیا، وہیں دورِ جدید میں ظفر گورکھپوری، تمنا مظفرپوری اور بانو سرتاج وغیرہ کے نام قابل ذکر ہیں۔

لیکن اس کے باوجود ایسا محسوس ہوتا ہے کہ ادب اطفال سے ہماری ادبی دنیا خاصی کمی کا شکار ہے۔ عموماً یہ شکایت کی جاتی ہے کہ ہمارے ادیب حضرات بچوں کا ادب تخلیق کرنے کی طرف زیادہ توجہ نہیں دیتے اور پرانی کتابوں میں الف لیلیٰ کے قصے، سند باد جہازی اور ابن بطوطہ کے سفر نامے اور شیخ چلی کے واقعات کے علاوہ عہد وسطیٰ میں کوئی ایسی کتاب معرض وجود میں نہیں آئی جو بچوں کے لئے دلچسپی کا باعث ہو۔ غرضیکہ بچوں کے لئے ادب تخلیق کرنے کی طرف کوئی خاطر خواہ توجہ نہیں دی جارہی تھی۔ مگر قابل مبارکباد ہیں سید مجیب الرحمن صاحب کہ انہوں نے اس طرف توجہ کی اور گلشن اطفال کی آبیاری و باغبانی و تزئین کاری میں خود کو وقف کر دیا اور ان کے زرخیز ذہن نے ۲۷ کہانیوں اور ۱۴۴ صفحات پر مشتمل ایک کتاب کو تخلیق کیا جو نصیحت آموز کہانیوں سے پر ہے، بلکہ بچوں میں اچھے اخلاق، راست گوئی، محنت و لگن، ایمانداری و خود اعتمادی اور بری عادتوں سے اجتناب جیسی اچھی صفات سے بچوں کو متصف کرنے کے لئے کہانیوں اور واقعات کا سہارا لیا گیا ہے کیونکہ بچوں کا ذہن اسے جلدی قبول کرتا ہے اور اسے دیر تک

محفوظ رکھتا ہے۔

مزید یہ کہ اگر اس کتاب کو بڑی عمر کے لوگ عبرت کی نگاہ سے پڑھیں تو ان کے لئے بھی یہ یکساں سود مند ہو گی۔ قصے کہانی کے حوالے سے قرآن مقدس نے کہا ہے لَقَد کَانَ فی قَصَصِہِم عِبرَۃُ لاوُلی الاَلباب۔ (یقیناً ان قصوں میں عقلمندوں کے لئے بڑی نصیحت ہے)۔ اور قرآن کریم نے سورۂ یوسف کو 'احسنَ القَصَص' یعنی بہترین قصہ قرار دیا اور ہر زمانے میں مقررین اور بڑے بزرگ بچوں کو قصے سنا کر ان کے اندر ستاروں پر کمندیں ڈالنے کا حوصلہ پیدا کرتے رہے ہیں۔ لہٰذا اس اعتبار سے اس کتاب 'گلشن اطفال' کی اہمیت و افادیت میں مزید اضافہ ہو جاتا ہے۔ یوں بھی عربی کا ایک مشہور مقولہ ہے 'خَیر الجلیس فی الزمان کتابُ' (زمانے میں کسی کے لئے سب سے بہترین ساتھی کتاب ہے)۔ اس مقولے کے پیش نظر یہ کتاب بچوں کے لئے ایک بہترین دوست اور رفیق سفر ثابت ہو گی۔

اس کتاب میں جہاں آپ شہزادے اور شہزادیوں کے واقعات پڑھیں گے، وہیں جناتوں کے انوکھے حالات سے بھی باخبر ہوں گے، اور مشہور وادی کوہِ قاف کی بھی سیر کریں گے اور مقصد کے حصول اور مظلوموں کی مدد کے لئے خود کو خطرے میں ڈالنے کا بے مثال جذبہ بھی دیکھیں گے، اور وزیر مزاح کا واقعہ آپ کو ہنسا کر لوٹ پوٹ کر دے گا۔

غرضیکہ یہ کتاب 'گلشن اطفال' یقیناً ایسا گلشن ہے جہاں گلہائے رنگارنگ، کلیوں کی مہک، بلبلوں کی چہک اور مختلف خوشبوؤں سے آپ کا ذہن معطر ہو جائے گا۔ اس کتاب کو پڑھنا شروع کیجئے پھر یہ کتاب خود آپ سے پورا ختم کروا کر رہے گی۔

اس کتاب میں صرف اس طرح کے واقعات نہیں کہ "ایک تھا راجہ ایک تھی رانی،

دونوں مر گئے ختم کہانی"، بلکہ اس کتاب کی ہر کہانی آخر میں پڑھنے والے کو ایک پیغام دیتی ہے اور تخلیق کار کا اسلوب اور طرز تحریر بھی بڑا شائستہ، شگفتہ اور شستہ ہے۔ عموماً کتابوں کے آغاز میں طویل تمہید، پیش لفظ، مصنف و مؤلف کی آراء وغیرہ کئی صفحات پر مشتمل ہوتے ہیں، مگر سید مجیب الرحمن کا یہ مجموعہ ان روایات سے بالکل جدا ہے۔ اس کتاب میں بچوں کے ذوق کے مطابق دلکش تصاویر بھی ہیں جن سے وہ لطف اندوز ہو سکیں۔ سرورق بھی کافی دیدہ زیب، جاذبِ نظر اور پر کشش ہے اور کمپوزنگ و طباعت کے لحاظ سے بھی یہ کہانیوں کا مجموعہ صاف ستھرا اور خوشنما ہے۔ الغرض اردو اکادمی دہلی کے مالی تعاون سے شائع کی گئی یہ کتاب بچوں کے ادب کے سلسلے میں موجود خلا کو پر کرنے میں از حد معاون ثابت ہو گی۔

☆☆☆

اماوس کے تارے

فاروق احمد

کتاب کا نام: اماوس کے تارے

مصنف: محمد یونس ہر گانوی

سال اشاعت: ۲۰۰۸

صفحات: ۱۷۴

قیمت: ۵۰ اروپے

ملنے کا پتہ: سنہری مسجد، چاندنی چوک، دہلی

تبصرہ: فاروق احمد

دانش کدہ دہلی و پٹنہ سے شائع ۱۷۴ صفحات کی کتاب 'اماوس کے تارے' مرحوم شاعر محمد یونس ہر گانوی کے اشعار کا مجموعہ ہے جس کے مرتب محمد ابو طلحہ ہیں۔ بعض اخبارات و رسائل کو زینت بخشنے والے مطبوعہ کلام یا ریڈیو پر نشر ہو چکے اشعار یا پھر غیر مطبوعہ منظومات کی ترتیب و تدوین آسان کام نہیں تاہم مرتب نے نہایت دانشمندی کا ثبوت دیتے ہوئے اصناف کو ان کی مناسبت کے لحاظ سے کتاب میں جگہ دی ہے۔ جس طرز پر مجموعے کو ترتیب دیا گیا ہے وہ شاید فی کل وادیھیمون میں شاعر کے خیالات مجموعہ

شاعری ہے مبارک شروعات کے خاکے کو ذہن میں رکھ کر دیا گیا ہے۔ کتاب کا ٹائٹل نہایت دیدہ زیب اور دعوت فکر و نظر دینے والا ہے۔ نیز کتاب کو ڈاکٹر ہمایوں اشرف کی تائید حاصل ہے، جس کے بعد ناچیز کو کہنے کے لئے کچھ رہ نہیں جاتا۔ اس کتاب میں ایک خاص بات یہ ہے کہ عموماً کتابت یا کمپوزنگ اور پروف ریڈنگ کی جو غلطیاں رہ جاتی ہیں ان سے نہ صرف کتاب پاک ہے بلکہ انداز بیان اور ادبی کمال کتاب کا خاصہ ہے!

احساسات و جذبات سے لبریز حقیقت پسند شاعر مرحوم محمد یونس ہرگانوی کی ۴۰ نظموں، ۳۵ غزلوں اور قطعات پر مشتمل 'اماوس کے تارے' علمی، فکری، سماجی، سیاسی حقائق و مشاہدات، قومی و بین الاقوامی مد و جزر کا مجموعہ ہے۔ اس شعری مجموعے میں ملکی و بین الاقوامی صورتحال اور اس پر شیطان اور مغرب دونوں کی مخلوط سرکار کے ننگے ناچ کو حقیقت بیانی کے ساتھ الفاظ کے موتیوں کو دھاگے میں پرو کر غور و فکر کے لئے سنجیدہ لوگوں کے گلے میں ڈالنے کا کام کیا گیا ہے۔

سیاست، ظلم و بربریت، فساد، انتشار، تباہی و بربادی، فریب کاری، دھوکہ دہی، مہنگائی، بے روزگاری، رشوت خوری، بدعنوانی، عوام کی بے چارگی، حکومت کی کوتاہ بینی، لاقانونیت، خود غرضی، انارکی، عریانیت، مغربیت، انفرادی، اجتماعی اور ریاستی دہشت گردی، مسلمانوں کی پامالی، رسوائی اور جدوجہد، کیا کچھ نہیں ہے اس مجموعے میں! ایسا لگتا ہے شاعر نے سب کو طشت از بام لا کر عوام الناس کی آنکھیں کھولنے کا بیڑا اٹھالیا ہے۔ لہٰذا خدا اور رسول کی بات کرنے کے بعد 'آؤ یارو'، 'حوصلے سے کام لو' کی دعوت، کتاب میں اللہ کے بندوں کے نام انتساب کی سچائی کو اجاگر کرتا ہے۔ حکم اذاں، فی کل واد یھیمون، نمرود سن لے، نوجوانوں کی مناجات، روح دفتر ابن آدم کا استقبال کرتی ہے، جرم ضعیفی، اے فلسطین، مجاہدین الجزائر، موج بن پیچ و تاب کھایا کر، جیسی غزلوں

اور نظموں سے اقبال سے ان کا لگاؤ اور فکری و اسلامی رجحان کا پتہ چلتا ہے۔ میرا خیال ہے کہ اقبالیات سے سرشار شاعر مرحوم کو اگر اقبالِ مشرق کا خطاب نہیں تو کم از کم مقلد اقبال کا خطاب ضرور دیا جا سکتا ہے۔ کتاب میں ایسے بے شمار مقامات ہیں جہاں اقبال کی تضمین پر شاعر نے اشعار کہے ہیں۔ ان کے بیشتر اشعار میں یہ پہلو اتنا غالب ہے کہ جا بجا دیکھا جا سکتا ہے۔ اسی طرح اقبال کی راہ پر چلتے ہوئے آپ نے کن فیکون، وقنا ربنا عذاب النار، قم باذن اللہ، فی کل واد یھیمون، انتم الاعلون، کل من علیھا فان، لاشریک لہ، جاء الحق، جیسے قرآنی بیانات سے اپنے اشعار کو زینت بخشا ہے۔ آپ کی شاعری میں جگہ جگہ قرآن و احادیث کے حوالے اور اسلامی فکر کی جھلک نیز دنیا بھر میں مسلمانوں کی صورتحال سے واقفیت اور ان کے درد و غم میں شرکت اور حق گوئی کا خاصہ ان کے اسلامی رجحان کی علامت ہے۔ وہ مسلمانوں کی حالت زار پر جہاں افسوس ظاہر کرتے ہیں وہیں انہیں اپنا طرز حیات بہتر کرنے اور اپنے قدم آگے بڑھانے کی دعوت دیتے نظر آتے ہیں۔ یہی چیز انہیں ایک اسلامی شاعر کی پہچان بھی عطا کرتی ہے۔

یونس ہرگانوی کے اشعار میں احتجاجی پہلو غالب ہے۔ یہ احتجاج کہیں غصے اور ناراضگی کی شکل میں نظر آتا ہے۔ چینی کنٹرول، پوٹا کب تک، جرم بھی تو کہیں سرکار یہ کیا بات ہوئی، چاہے گردن ہی کیوں نہ مری اتاری جائے، وغیرہ اور کبھی افسوس اور تشویش کی شکل میں جیسے لمحہ فکریہ، رمضانی رپورٹ، شہر آشوب پٹنہ، اے وادی کشمیر، اے مقتل گجرات، بے چاری مجلس، جانے کیسا انقلاب ہے آج، مشکلیں ہی مشکلیں ہیں غم ہی غم ہیں آج کل، وغیرہ۔ ایک خاص بات یہ ہے کہ شاعر نے جہاں غم و الم، درد و کرب، غصہ و ناراضگی اور لعنت و ملامت کا رویہ اختیار کیا ہے وہیں نہایت تعمیری اور مثبت انداز میں آگے بڑھنے اور عزم و حوصلہ کی بات بھی کی ہے۔ میٹھی نونک جھونک، واہیات، چھینک،

پالٹکس نامہ، نام جس کا شباب ہے یارو، واعظ محترم وضو کیجئے، مضر گدھوں سے نہیں بدحواس مت بنئے، کس طرح تم سے ہو گا ہمارا نباہ جی، وغیرہ عناوین شاعر کے پر مزاح ہونے کی طرف اشارہ کرتے ہیں۔ الغرض پورا مجموعہ تعمیری اور فکر افزا ہے۔ ایسا محسوس ہوتا ہے کہ شاعر نے اپنے صحافتی تجربے کو شاعری میں بھی آزمایا ہے۔ اس مجموعے کو پڑھنے کے بعد شاعر کے تعلق سے جو تصویر ابھرتی ہے اس سے لگتا ہے کہ شاعر نے ہم عصر ماحول اور مسائل کا نہ صرف نہایت سنجیدگی اور باریک بینی سے مطالعہ کیا ہے بلکہ وہ تاریخ اور تہذیب و ثقافت کا گہرا ادراک بھی رکھتے تھے۔ المیہ یہ ہے کہ بے شمار فن کاروں اور صلاحیت مندوں سے دنیا ان کی زندگی میں روبرو نہیں ہو سکی یا روبرو ہوئی بھی تو انہیں پہچان نہیں سکی۔ ایسی ہی شخصیتوں میں سے ہیں 'اماوس کے تارے' کے شاعر مرحوم محمد یونس ہر گانوی۔

☆☆☆

شعرائے سمستی پور

عطا عابدی

کتاب کا نام: شعرائے سمستی پور
مرتب: بسمل عارفی، اشفاق قلق
۱۴۴ صفحات
: قیمت: ۲۰۰ روپے
پبلشر: شمسی بک سینٹر، اسٹیشن روڈ،
سمستی پور-۸۴۸۱۰۱ (بہار)
تبصرہ: عطا عابدی

شعراء سمستی پور' جیسا کہ نام سے ظاہر ہے، سمستی پور کے شعرا کے تعارف و منتخب کلام پر مشتمل کتاب ہے جسے بسمل عارفی اور اشفاق قلق نے ترتیب دیا ہے۔ کتاب کی ابتدا میں کئی سماجی و علمی دانشوروں کی آرا شامل ہیں جن سے اس کتاب کی اہمیت و افادیت اجاگر ہوتی ہے۔ مرکزی شہر و علاقہ کے حوالے سے کچھ نہ کچھ ہمیشہ لکھا جاتا رہا ہے، لہٰذا یہاں کے قلم کاروں کے بارے میں لکھنا یا ان کا نمونہ کلام حاصل کرنا نسبتاً آسان ہوتا ہے۔ لیکن ایک دور افتادہ اور نسبتاً کم معروف علاقوں سے متعلق شعرا کے بارے میں

بنیادی معلومات حاصل کرنا اور ان کے کلام کے انتخاب کو یکجا کرنا ایک مشکل عمل ہوتا ہے اور یہی مشکل کام بسمل عارفی اور اشفاق قلق نے انجام دیا ہے۔ اس کتاب میں کئی ایسے شعرا کا تذکرہ و کلام موجود ہے جو پہلی بار اسی کتاب کے ذریعہ قارئین سے متعارف ہوتے ہیں۔

سب سے پہلے کتاب کا انتساب دیکھئے جو سمستی پور کا اجمالی تعارف بھی پیش کرتا ہے:

"سرزمین سمستی پور کے نام جس کی مٹی میں شعر و ادب اور موسیقی رچی بسی ہے"۔

کتاب کے آغاز میں مرتب کتاب بسمل عارفی کا تحقیقی مضمون "سمستی پور کا شعری و ادبی منظر نامہ" سمستی پور کے حوالے سے کئی اہم تاریخی حقائق پیش کرتا ہے۔ اس مضمون میں سمستی پور کی علمی و ادبی سرگرمیوں کا احاطہ کرنے کی اچھی کوشش ملتی ہے نیز اس کتاب کی غرض و غایت پر بھی روشنی پڑتی ہے۔

"شعرائے سمستی پور" میں جن شعراء کا تعارفی خاکہ اور منتخب کلام شامل ہیں ان کے نام یہ ہیں: رضا اشک، ناشاد اورنگ آبادی، قیصر صدیقی، سیف سمستی پوری، فیضی بھگوان پوری، قوس صدیقی، اصغر ساحل، انور بدنام، شاعر رومانی، انور شمیم، انیس صدری، سیف عزمی، قاسم صبا، شیدا بگھونوی، م اشرف سمستی پوری، مصور سما، کیف احمد کیفی، اشفاق قلق، بسمل عارفی، وارث مظہری، عاقل زیاد، اسرار احمد دانش، نثار احمد نثار اور شاکر الاکرم۔

کئی شعرا اس انتخاب میں شامل نہیں ہیں، اس بابت بسمل عارفی لکھتے ہیں:

"میں نے ہر ممکن کوشش کی تھی کہ تمام شعرا کو اس انتخاب میں شامل کروں لیکن میری یاد دہانی کے باوجود کچھ شعرا نے اپنے کلام اور تعارف سے محروم رکھا۔ مجھے افسوس ہے کہ اس انتخاب میں سالم توحیدی، انور پانی پتی، مضطر بگھونوی، کوثر بھگوت پوری، شاہد

بگھونوی، احسان خسرو، شمیم قاسمی، م ح اشرف، کاوش جمالی، اکبر رضا، قاسم صیاد وغیرہ کا کلام شامل نہ کیا جاسکا"۔

بسمل عارفی کا یہ مضمون کئی حوالے سے اہم ہے۔ اس مضمون سے نہ صرف سمستی پور کے شعرا کی نشاندہی ہوتی ہے بلکہ افسانہ نگار، مضمون نگار اور دیگر شعری و ادبی ذوق کی حامل شخصیتوں کے نام بھی سامنے آتے ہیں۔ نیز یہاں کی محفلوں اور انجمنوں پر بھی روشنی پڑتی ہے۔ معاملہ چونکہ تحقیقی نوعیت کا ہے، لہٰذا ریکارڈ کے لئے عرض کر دوں کہ اس مضمون میں ماہنامہ العرفان سمستی پور کا نام نہیں ہے۔ یہ رسالہ ۱۹۸۳-۸۴ میں پابندی سے شائع ہوتا تھا۔ اس میں مذہبی اور ادبی امور سے متعلق مضامین نثر و نظم شائع ہوتے تھے۔ بہر کیف، اپنے موضوع پر یہ پہلی کتاب ہے لہٰذا بعض کمیوں کو نظر انداز کرتے ہوئے اس کا اعتراف کیا جانا چاہئے کہ سمستی پور کے حوالے سے شعر و ادب پر لکھتے وقت یہ کتاب بنیادی ماخذ کا کام کرے گی۔

☆☆☆

اشاریہ ماہنامہ 'تحریک'

فیضان شاہد

کتاب کا نام: اشاریہ ماہنامہ 'تحریک' دہلی

مرتب: مطیع اللہ خان

صفحات: ۴۳۲

قیمت: ۳۰۰ روپے

مطبوع: ایچ ایس آفسیٹ پرنٹرز، نئی دہلی

تبصرہ: فیضان شاہد

بات بہت مشہور ہے کہ "اشارے زندگی کی جانب رہنمائی کرنے والے استاذ کی حیثیت رکھتے ہیں"۔ کسی درست چیز کی طرف اشارہ زندگی کی صحیح سمت کا تعین کر دیتا ہے اسی لئے عقلمندوں کے لئے اشارہ کافی ہوتا ہے، یہ مقولہ بھی بہت مشہور ہے۔ یہ باتیں نہ صرف اسلاف کے ذہن میں رہی تھیں بلکہ ادبا، شعرا قلمکار سب نے اس ضرورت کو محسوس کیا اس لئے اشاریہ تحقیق کا ایک اہم حصہ بن گیا۔ اس کا مقصد قاری کو ایک طائرانہ نظر میں وہ سب کچھ مہیا کرانا ہوتا ہے جس کی جستجو اسے ہوتی ہے۔ دنیا کی مختلف زبانوں میں اشاریہ نے فروغ پایا لیکن اس کے اولین میں ڈبلیو ولسن اور فریڈرک پولی کا نام

قابل ذکر رہا۔

تحقیق و تدقیق، علم و جستجو اور ادبی ضروریات کے پیش نظر مطیع اللہ خاں نے بھی 'ماہنامہ تحریک' دہلی کا اشاریہ مرتب کیا۔ ماہنامہ 'تحریک' کی اشاعت کا آغاز مارچ ۱۹۵۳ میں ہوا۔ یہ وہ زمانہ ہے جب ہندوستان مکمل آزاد ہو چکا تھا اور تمام اخبارات و رسائل مخصوص نظریات کی تشہیر میں مصروف تھے۔ ایسے حالات میں ماہنامہ تحریک نے ایک خالص ادبی جریدے کا کردار نبھایا اور سیاسیات اور حالات سے بے پرواہ ہو کر ادب کے فروغ میں نمایاں کردار ادا کیا۔ ایسے جریدہ کے اشاریہ کا انتخاب مرتب کے اعلیٰ ادبی ذوق اور زبان وادب کے فروغ میں ان کی دلچسپی کا مظہر ہے۔

مرتب نے نہ صرف اس کتاب میں اشارے کی ترتیب دی ہے بلکہ ابتدا میں اشاریہ کی تعریف اور اس کی تاریخ کی جانب رہنمائی بھی کی ہے جو اشاریہ کے ساتھ ساتھ قارئین کے ذہن میں اس کی تاریخ سے واقفیت کے لئے اٹھنے والے سوالات کا تشفی بخش جواب ہے۔

ماہنامہ 'تحریک' نے آزادی کے بعد جنم لیا۔ اس کے بعد اس پر کتنے اتار چڑھاؤ آئے، کن کن لوگوں نے اپنے خون جگر سے اس کی آبیاری کی اس کتاب کی ابتدا میں اس کی تفصیلی تاریخ ہے اور ان کے ان نمبرات کا بھی تذکرہ ہے جنہوں نے اس کی مقبولیت میں خاص کردار ادا کئے۔ مثلاً جگر نمبر، غالب نمبر، اقبال نمبر، بسمل سعید نمبر، آزادی نمبر، بیس سالہ انتخاب نمبر، سلور جبلی نمبر۔ اس کے علاوہ بین الاقوامی موضوعات پر انقلاب روس نمبر، چین نمبر، تاراسوف نمبر وغیرہ کا ذکر کیا گیا ہے۔ اس کے بانی و مدیر ممتاز ادیب و شاعر گوپال متل اور ان کے بعد کے مدیران مخمور سعیدی، تمکین کاظمی، پریم گوپال متل وغیرہ کی خدمات کو مطیع اللہ خاں نے جس محنت اور کوشش کے ساتھ اکٹھا کر کے

بیان کیا ہے، قابل تعریف ہے۔

بظاہر تو اشاریہ دیکھنے کے بعد یہ ایک آسان فن لگے گا لیکن ادبا کی تفصیل، موضوعات کی ترتیب و انتخاب یہ ایسا مشکل کام ہے جیسے بکھرے موتی کے دانوں کو اکٹھا کرنا۔ مگر اس کو مطیع اللہ خاں نے پرو کر موتی کی لڑی کی خوبصورت شکل دی ہے جو علم و ادب کے قاری کو علم سے مزین کرنے میں انتہائی معاون ہے۔ کتاب کو دیدہ زیب سرورق کے ساتھ تین ابواب پر مشتمل کیا گیا ہے۔

باب اول میں مدیران، خاص نمبر، اداریے، مضامین، تصویری فیچر اور بحثیں ہیں۔ باب دوم میں افسانے، ڈرامے، انشائیے، خاکے، رپورتاژ، مکاتیب اور تبصروں کو جگہ دی گئی ہے۔ باب سوم میں نظموں، غزلوں، رباعیات، قطعات، اشعار، دوپدے، دوہے، گیتوں، دعا اور نوحے کی ترتیب ہے۔ آخر میں کتابیات کا تذکرہ ہے۔

اس طرح سے پہلے باب میں تاریخ، دوسرے میں نثری اصناف اور تیسرے میں غیر نثری اصناف کا تذکرہ ادب میں فہم و بصیرت کی عمدہ مثال ہے جو مرتب کے اس کتاب میں ملتی ہے جسے ایک نظر دیکھنے کے بعد ہی قاری اپنے مطلب کی چیز ڈھونڈ لیتا ہے۔

گویا مطیع اللہ خاں نے ماہنامہ 'تحریک' کا اشاریہ لکھ کر نہ صرف اس رسالہ کو جاودانی بخشی بلکہ ادب کے قاری کی پیاس بجھانے میں ایک معیاری رسالہ کا انتخاب کر کے علمی تبحر کا عمدہ ثبوت پیش کیا ہے۔

ماہنامہ 'تحریک' دہلی کی خاص بات یہ بھی تھی کہ ہندو پاک کے مشاہیر ادب کے اسما بڑی تعداد میں شامل رہے ہیں۔ اس کے علاوہ ماہنامہ تحریک نے مختلف موضوعات پر شائع ہونے والی متعدد کتابوں، ادبی و نیم ادبی رسالوں و دیگر مطبوعات پر اپنے بیشتر

شماروں میں تبصرے شائع کئے ہیں جس کی طرف مرتب نے اشاریہ میں اشارہ کیا ہے۔ اس سے نہ صرف اس عہد کی بہت ساری کتابوں کا آسانی سے تعارف حاصل کیا جا سکتا ہے بلکہ ان کی اہمیتوں کے اندازے کے پیش نظر ان کی چھان بین بھی کی جا سکتی ہے۔

اشارہ کی خاص بات یہ ہے کہ وہ تمام چیزیں اوراق میں دوبارہ سانس لینے لگتی ہیں جو ناپید ہو چکی ہوتی ہیں یا جو بہت تلاش و جستجو کے بعد دوبارہ یکجا کی جا سکی ہیں۔ چیدہ چیدہ صفحات کی ورق گردانی سے آدمی جہاں بچ جاتا ہے وہیں رسالوں کی علمی اہمیتوں کا ایک نظر میں احاطہ ہو جاتا ہے اور یہ چیز ماہنامہ تحریک کے اشاریہ میں قاری کو دیکھنے کو ملے گی۔

کہا جا سکتا ہے کہ یہ اشاریہ ایک تاریخی ریکارڈ ہے جس میں ادبا شعراء اور بہت سارے صحافیوں کے کارناموں کو ضبط تحریر میں لایا گیا ہے۔ یہ کتاب اپنے آپ میں ایک علمی لائبریری ہے جس سے ہر خاص و عام فائدہ اٹھا سکتا ہے۔

☆☆☆

طرزی جناب

امتیاز احمد

کتاب کا نام: طرزی جناب

شاعر: ڈاکٹر مناظر عاشق ہر گانوی

سن اشاعت: ۲۰۰۸

صفحات: ۶۴

قیمت: ۷۵ روپے

مطبوعہ: ایم پرنٹرس دریاگنج نئی دہلی

تبصرہ: امتیاز احمد

شاعری دراصل باطن کے کرب و اضطراب اور داخلی جذبات و احساسات کے اظہار سے عبارت ہے اور یہ ابتدا تا حال ہمہ گیر مقبولیت کی زندہ علامت بن چکی ہے۔ منظوم اور منثور یہ دونوں جدا جدا اصناف ہیں۔ دونوں کی اہمیت و افادیت سے انکار ممکن نہیں۔ نثری اصناف میں تنقید پر تو بڑے بڑے ادیبوں نے خامہ فرسائی کی ہے لیکن منظوم تنقیدی کتابیں عنقاء ہیں۔ اگر منظوم نقاد کی حیثیت سے کسی کا نام لیا جا سکتا ہے تو وہ نصف درجن سے زائد تنقیدی کتاب، اٹھارہ ہزار اشعار اور سینکڑوں منظوم تبصرے و

تعارف پیش کرنے والی شخصیت ڈاکٹر عبد المنان طرزی کی ہے۔ جن کی شاعری جذبات و احساسات کی ترجمان ہونے سے کہیں زیادہ حکمت کی آئینہ دار اور جمالیات کی عکاس معلوم ہوتی ہے اور جسے تخلیقی حسیت کو آفاقی بصیرت میں منقلب کرنے کا ہنر آتا ہے۔ بقول ڈاکٹر مناظر ــــ

"لسانیاتی، مجر داتی اور علامتی خیالات کے لحاظ سے اور بندش کی انفرادی سوچ اور منفرد شعور کی وجہ سے اردو شاعری اور منظوم تنقید میں ان کا ثانی نہیں"۔ (صفحہ ۵)

یہ بات تسلیم کی جاسکتی ہے کہ منظوم تنقید میں ان کا ثانی نہیں لیکن اردو شاعری میں ان کا ثانی نہیں، اس میں کچھ غلو کی آمیزش معلوم ہوتی ہے۔

زیر تبصرہ کتاب 'طرزی جناب' ڈاکٹر مناظر عاشق ہر گانوی کی منظوم تصنیف ہے۔ انہوں نے ڈاکٹر عبد المنان طرزی کے بارے میں شعری پیرایہ میں اپنے خیالات کا اظہار کیا ہے جس کو کہ شاعر اور صحافی اسحٰق ساجد (جرمنی) کے نام منسوب کیا ہے۔ اس کتاب کو پڑھتے وقت احساس ہوتا ہے کہ قاری جیسے اپنے کسی محسن و مربی اور مخلص کی قصیدہ خوانی کر رہا ہے، اور ساتھ ہی تجربات و احساسات سے لطف اندوز ہو رہا ہے۔ یہ کتاب کل ۶۴ صفحات پر مشتمل ہے جس میں ۱۱ صفحات پر مشتمل ڈاکٹر مناظر کی 'گفتنی' ہے جس میں طرزی صاحب کی زندگی کے روشن پہلوؤں پر خامہ فرسائی کی گئی ہے اور "منظوم زندگی نامہ" سے طرزی صاحب کی شخصیت کے گونا گوں پہلوؤں کا احاطہ کیا جاسکتا ہے اور ساتھ ہی ان کی سوانح بھی مرتب کی جاسکتی ہے۔ اس کے علاوہ ۵۳ صفحات پر مشتمل ڈاکٹر مناظر کا منظوم کلام ہے جو تقریباً ۱۰۰ اشعار پر مشتمل ہے۔ 'گفتنی' اور منظوم کلام پڑھ کر ڈاکٹر مناظر کی بلند ذوقی، ذہانت اور علمی صلاحیت کا اندازہ کیا جاسکتا ہے۔

یہ کتاب دراصل ڈاکٹر مناظر کی خلوص باہمی، عقیدت مندی کی روشن مثال ہے اور

اردو منظوم نگاری میں یہ اپنی مثال آپ ہے، جو ادبی کم اور قصائدی زیادہ معلوم ہوتی ہے۔ اس میں عہد شباب سے عہد پیری تک کے حالات و واقعات اور ان کی ادبی و ثقافتی خدمات اور نامور ادیبوں، نقادوں اور مشاہیر ادب کے ساتھ مشترکہ تصاویر کے ذریعہ ان کی شخصیت کا اعتراف کرتے ہوئے ان کی اصلی شکل کو پیش کیا گیا ہے۔ صف اول کے ادیبوں اور دانشوروں کے ساتھ ان کی دلکش اور جاذب نظر تصاویر کے ذریعہ اردو ادب میں ان کے مقام و مرتبے کا تعین کیا جانا چاہئے تھا۔ ڈاکٹر مناظر اردو ادب کا ایک اچھوتا نام ہے۔ مختلف اصناف سخن مثلاً سفر نامہ، تذکرہ، غزل اور تنقید کے علاوہ شخصیت، گیت، بچوں کا ادب وغیرہ پر بے شمار کتابیں منظر عام پر آچکی ہیں اور ادبی حلقوں میں معروف و مقبول بھی ہیں۔ خود ڈاکٹر مناظر پر بہت سارے تحقیقی مقالے بھی منظر عام پر آچکے ہیں۔ مثلاً ڈاکٹر مناظر عاشق ہر گانوی–ناقد و شاعر، ناقد اور محقق، بچوں کے ادیب، شش جہاتی فنکار، شخصیت وغیرہ۔ جب کہ وہ ابھی زندگی کا سفر کاٹ رہے ہیں۔ ڈاکٹر مناظر قادرالکلام شاعر تو نہیں لیکن ۱۰۰ اشعار کے ذریعہ طرزی صاحب کی خدمت میں گلہائے عقیدت پیش کرتے ہوئے اس بات کا اعتراف کیا ہے کہ میں نے طرزی صاحب کو جتنا اور جس طرح سمجھا اور جانا ہے ان سب کو اپنے تخلیقی شعور اور رغبت کا حصہ بنایا ہے۔ چنانچہ اس کا اعتراف کرتے ہوئے رقمطراز ہیں—

معتبر فن سے ہوئے ہیں کچھ اگر
وہ ہوا ہے آپ سے طرزی جناب
خود نمائی شخصیت میں جن کی ہے
ان کو بھی ہیں چاہتے طرزی جناب
گلستانِ علم و فن سے آپ کے

پھول کچھ میں نے چنے طرزی جناب

ہر فن کار کی یہ تمنا ہوتی ہے کہ اپنے فن کو وہ اس طرح سے پیش کرے کہ وہ کمال کی انتہائی بلندیوں پر نظر آئے اور یہ تمنا اسی وقت پوری ہو سکتی ہے کہ فن کار اپنی تخلیق پر خون جگر صرف کرے۔ اس میں کوئی شک نہیں کہ ڈاکٹر مناظر نے جس دیدہ ریزی، لگن، دلجمعی اور دل بستگی کے ساتھ اپنا خون جگر صرف کیا ہے وہ اس کتاب سے عیاں ہے۔ انشاءاللہ ان کی کوششیں ضرور بار آور ہوں گی کیونکہ اب تک کی نظروں سے گزرنے والی کتابوں میں سے یہ کتاب اپنی نوعیت کی منفرد کتاب ہے جس میں قطعہ بند اشعار کے ذریعہ طرزی صاحب کی شخصیت کی ترجمانی کی گئی ہے۔ طرزی صاحب کی زندگی میں جتنے نشیب و فراز آئے اور جس کرب و اضطراب سے گزر کر انہوں نے خود کو کندن بنایا ہے وہ ان کے منظوم زندگی نامہ سے واضح ہوتا ہے۔ یہ کتاب دراصل ان کے فکر و فن کا آئینہ ہونے کے ساتھ ان کی کاوشوں کا حسین تجزیہ ہے اور ساتھ ہی ان کی ذات و فتوحات کا مرقع بھی ہے۔ اس طرح سے اس کتاب میں طرزی صاحب کی زندگی کے تمام پہلوؤں پر روشنی ڈالی گئی ہے۔ پیش کردہ تصاویری شخصیت سے طرزی صاحب کا براہ راست ربط و ضبط تھا اور خود مصنف کا بھی۔ یہ کتاب معلوماتی کم، دلچسپ زیادہ ہے۔ ٹائٹل دلکش اور جاذب نظر ہے۔ طباعت اور بائنڈنگ بھی اچھی ہے۔ البتہ قیمت مناسب نہیں ہے۔

☆☆☆

تکذّبٰن

دانش ریاض

: کتاب کا نام: تکذّبٰن

شاعر: ارتضیٰ نشاط

سن اشاعت: ۲۰۱۱

قیمت: ۱۰۰ روپے

مطبوعہ: بلیک ورڈس پبلی کیشنز، G-۱۰۳ اقصی اپارٹمنٹ، نزد رائز ٹاور، ممبئی

تبصرہ: دانش ریاض

ارتضیٰ نشاط نے بزبان خویش جو بات کہی ہے کہ

اپنی جگہ ادب میں بنالے گا ارتضیٰ

یہ ایک بات اس کے مقدر میں خاص ہے

اس کا بہتر اندازہ تو ان کے ہم عصروں کے خیالات سے ہی لگایا جا سکتا ہے۔ لیکن قبل اس کے کہ ان کی کتاب تکذّبٰن پر گفتگو ہو جدید غزل کے شاعر ارتضی نشاط کے بارے میں ان کے قریبی کیا کہتے ہیں ملاحظہ کر لیا جائے۔ نظام الدین نظام کا کہنا ہے کہ "ارتضی نشاط کے الفاظ روزمرہ کی زندگی میں آنے والے مستعمل الفاظ ہیں اور ان کے

مسائل ہمارے مسائل ہیں، ان کا کرب ہمارا کرب ہے"۔ عبد الاحد ساز کے الفاظ میں "نشاط ایک شارپ اور ذہین شاعر ہے، وہ اپنے اطراف و اکناف کو بیک وقت مچھلی کی آنکھوں سے بھی دیکھ لیتا ہے"۔ ڈاکٹر تنویر عالم جلگانوی ارتضی کے اسلوب پر گفتگو کرتے ہوئے کہتے ہیں "ارتضیٰ نشاط کا یہ وسیع تر شعری کینواس محض اس کے بے تکلف اسلوب کی دین ہے جو اس کو اپنے گرد و پیش کے ہر مظاہر اور زندگی کے ہر احساس سے بغیر کسی دقت کے گذار دیتا ہے"۔

۱۵ اکتوبر ۱۹۳۸ کو اتر پردیش کے شہر بدایوں میں شاہد بدایونی کی آنگن میں آنکھیں کھولنے والے ارتضیٰ نشاط کو شعر گوئی کا فن ورثے میں ملا ہے۔ دادا مسکین حسین مسکین اور پر دادا خادم حسین خادم بھی شاعر تھے۔ اعجاز ہندی کے بقول "نشاط نے شاعری بہت چھوٹی عمر میں شروع کر دی تھی لیکن ان کے ادبی کیریئر کا باقاعدہ آغاز ۱۹۷۰ کے آس پاس ہوا"۔ نشاط کا پہلا مجموعہ کلام "ریت کی رسی" غالباً آج سے تیس برس قبل شائع ہوا لیکن کتابت و طباعت اور پھر دوستوں کی بے اعتنائی سے وہ اس قدر دلبر داشتہ ہوئے کہ دوسرے مجموعہ کلام کو شائع کرنے کی ہمت نہیں کی۔ حالانکہ شاعری گھٹی میں پڑی تھی

شاعر بہت بڑا تھا مگر ارتضیٰ نشاط ‏ ‏ ‏ کمبخت کس زبان میں آکر چلا گیا

نشاط کی خاص بات یہ ہے کہ اپنی زندگی کو انقلاب آفریں بنانے میں جہاں انہوں نے مشقتوں کا سامنا کیا ہے وہیں اپنے متعلقین کو بلندیوں پر پہنچانے کے لئے وہ اپنا سب کچھ وار دینے کا جذبہ بھی رکھتے ہیں۔

۲۳۲ صفحات پر مشتمل دیدہ زیب ٹائٹل سے مزین مذکورہ کتاب کو عالمی پریس کے معیار کو پیش نظر رکھتے ہوئے بلیک ورڈس پبلی کیشنز نے شائع کیا ہے جس کی قیمت محض

۱۰۰ روپئے رکھی گئی ہے۔ شعری و ادبی کتابوں کی مفت تقسیم کو اردو ادب کے لئے سم قاتل قرار دینے والے بلیک ورڈس پبلی کیشنز کی کور ٹیم کے ذمہ دار عمران اللہ شیخ کہتے ہیں "ہماری زبان کی تنزلی کی ایک وجہ یہ بھی ہے کہ ہم نے مفت میں کتابیں تقسیم کرنے کا مزاج بنالیا ہے لہذا معیاری ادبی ذوق کی حامل کتاب بھی مفت میں دئے جانے پر کوڑیوں کی سمجھی جاتی ہے اور اہل علم کی قدر دانی نہیں ہو پاتی، لہذا ہم نے اس روایت کو توڑتے ہوئے جہاں اس پبلی کیشن کی پہلی اردو کتاب اعلی معیار پر شائع کی ہے وہیں ایسی قیمت طے کی ہے جو یار لوگ دن بھر میں چائے اور پان میں اڑا دیتے ہیں، ہمارا مقصد اسے عام قارئین تک پہنچانا ہے"۔ غور طلب بات یہ ہے کہ دی سنڈے انڈین نے بلیک ورڈس کے اس جذبے کا احترام کرتے ہوئے تبصرے کے لئے یہ کتاب خرید کر حاصل کی ہے۔

☆☆☆

اندھے آدمی کا سفر

معاذ احمد

کتاب کا نام: اندھے آدمی کا سفر

مصنف: شمس الہدیٰ انصاری (علیگ)

سن اشاعت: ۲۰۰۷

صفحات: ۱۱۲

قیمت: ۱۰۰ روپے

مطبوعہ: آفسیٹ پرنٹرس کولکاتا

۷۰۰۰۱۴

تبصرہ: معاذ احمد

اندھے آدمی کی زندگی جس قدر دشوار کن ہوتی ہے بالکل اسی کے حسب حال کتاب کا سرورق بھی تیار کیا گیا ہے۔ کوئی بھی نیا قاری جب اس کتاب کو پڑھے گا تو بے ساختہ اندھے انسان کی ساری مجبوریاں و پریشانیاں اس کے تحت الشعور میں گردش کرنے لگیں گی اور وہ بلا تامل اس کا ہم رکاب ہو جائے گا۔

مجموعے کا عنوان 'اندھے آدمی کا سفر' جس فکری تناسب کی روشنی میں رکھا گیا ہے

بجاطور پر اس کے نام مشمولات کو پڑھ کر یہ قیاس کرنا کسی بھی حساس قاری کے لئے کوئی مشکل امر نہیں کہ یہ افسانے بھی آنکھ بند کر کے ہی لکھے گئے ہیں کیونکہ ان افسانوں میں کوئی بھی ایسی چیز نہیں جو اپنے قاری کو تجسس و انہماک کی کیفیت میں رکھ کر اپنی گرفت میں لے سکیں۔

کہانی کہنے کا انداز بالکل سپاٹ ہے، کسی بھی قسم کی فلسفیانہ موشگافی سے پرے سیدھے سادھے لفظوں میں کہانی کار نے اپنی ذہنی اپج کو صفحہ قرطاس پر منضبط کر دیا ہے جو عام قاری کے لئے تسکین کا سامان تو بن سکتی ہیں مگر کوئی بھی سنجیدہ قاری اپنے خاطر میں نہیں لائے گا۔

'اندھے آدمی کا سفر' جو اس افسانوی مجموعے کا پہلا افسانہ ہے اور اس افسانوی مجموعے کا نام بھی جسے مصنف نے شروع کتاب میں رکھ کر اپنے قاری کو یہ پیغام دینے کی کوشش کی ہے کہ اس دار فانی میں تمام جاندار و غیر جاندار اشیاء کا ظہور پذیر ہونا کسی بھی مصلحت کوشی سے پرے نہیں ہے۔

اندھے آدمی کا یہ ایک مختصر سا اقتباس ملاحظہ ہو جس میں حاجی صاحب اس سے مختلف طرح کے سوالات سے یہ جاننا چاہتے ہیں کہ وہ کس طرح اشیاء کی پہچان کر لیتا ہے جب کہ وہ اندھا ہے۔ "حاجی صاحب ایک تو اللہ نے آنکھ لے لیا دوسرے اگر ان تمام چیزوں کا فہم اگر ہمارے اندر اللہ نہیں دے گا تو پھر اللہ کو اللہ کون کہے گا"۔

اس اقتباس سے جہاں اللہ کی مشیت چیزوں کے برے یا بھلے ہونے میں کارفرما نظر آتی ہے وہیں یہ افسانہ افسانوی لوازم کے ساتھ ساتھ سبق آموز حکایت سے بھی اپنا رشتہ استوار کر لیتا ہے اور قاری کی خام خیالی اندھے آدمی کے توسط سے دور ہو جاتی ہے۔

آج جس بے بسی اور لاچاری کا نفسیاتی نظریہ اندھے آدمی کے توسط سے ہر کس و

ناکس کے رگ و پے میں سرایت کر گیا ہے۔ ان تمام روایتی نظریوں سے علیحدہ اچانک شب خون کے مانند افسانے کے قاری کو یک لخت اندھے آدمی کا چیزوں کے فہم کا تصور قاری کے دماغ پر ایک چوٹ کرتا ہے۔

کہانیوں کا مجموعہ 'اندھے آدمی کا سفر' ۲۱ کہانیوں پر مشتمل ہے جس کے تمام مشمولات کی ورق گردانی کرنے کے بعد یہ فیصلہ کرنا مشکل ہو گیا کہ یہ افسانے ہیں یا افسانچے۔ کیونکہ ان میں کچھ تو بہت ہی چھوٹے اور متوسط درجے کے ہیں جنہیں افسانے کے درجے میں رکھا جاسکتا ہے۔ اس کتاب کی بعض کہانیاں تو ایسی ہیں جو سطحی لذتیت پر مبنی ہیں۔ ان میں 'پرندے گھر بھول گئے' خاص طور پر قابل ذکر ہے۔

ایسا لگتا ہے کہ مصنف نے اس افسانے کو تخلیق کرتے وقت اس ادبی اصول کو فراموش کر دیا ہے کہ ادب کے کچھ تہذیبی انسلاکات ہوتے ہیں اور جس معاشرے میں ادب پارہ تخلیق کیا جارہا ہے اس کا عکس اس کے بطن میں نمایاں ہونا لازمی ہے۔ لیکن اس افسانے کو پڑھ کر ایسا لگتا ہے کہ افسانہ نگار مشرق کے بجائے مغرب کی فضاؤں میں سانس لے رہا ہے۔ اقتباس ملاحظہ ہو– "وہ آتے ہی میرے بیڈ پر بالکل میرے قریب بیٹھ گئی۔ وہ اِدھر اُدھر کی باتیں کرتی ہوئی فری سیکس کے موضوع پر آگئی اور مجھے اشتعال دلانے لگی۔ میں ہوں ہاں میں جواب دے رہا تھا۔ کٹرینا سے رہا نہ گیا، دفعتاً ایک چیتے کے مانند مجھ سے لپٹ گئی اور خود کو میرے حوالے کر دیا"۔

اس مختصر سے اقتباس سے ایک باشعور قاری کو اس افسانے کی سطحیت کا اندازہ لگانے میں کوئی دقت پیش نہ آئے گی۔ علاوہ ازیں بیشتر افسانے گجرات، سورت، بابری مسجد، عثمان آباد کے فرقہ وارانہ فسادات کی روشنی میں مصنف نے اپنی ذہنی خلش کو کسی قدر افسانے کی شکل دے دی ہے۔ مگر ان افسانوں میں ادبیت کا دور دور تک کوئی شائبہ

نظر نہیں آتا۔ ان افسانوں کو پڑھتے وقت ایسا محسوس ہوتا ہے جیسے کسی سانحے کے حوالے سے کوئی اخباری رپورٹ پڑھ رہے ہوں۔ کیونکہ اخباری رپورٹ کے پڑھنے سے قاری کے ذہن پر ایک فوری تاثر تو ضرور قائم ہوتا ہے مگر ادبیت کی وہ چاشنی جو قاری کو بار بار پڑھنے پر آمادہ کرتی ہیں جسے پڑھ کر وہ اپنے لئے فرحت و انبساط کا سامان فراہم کر لیتا ہے۔ اس کا کہیں پتہ نہیں۔ لہٰذا ہمارے لئے یہ کہنا مشکل ہے کہ زیر نظر کتاب کوئی نثری فن پارہ ہے یا کچھ اور! مجموعی طور پر یہ ایک ایسی کتاب ہے جسے وقت گزاری کے لئے تو پڑھا جا سکتا ہے مگر اسے ایک ایسے ادب پارے کا درجہ نہیں دیا جا سکتا جسے پڑھ کر قاری کا ادبی ذوق مہمیز ہوتا ہے۔ ایک ایسے دور میں جہاں ہمارے پاس اتنا وقت نہیں کہ ہم ادب کے شاہکاروں کو بغور مطالعہ کر سکیں، تو ہم یہ کتاب کیوں پڑھیں؟ یہ ایک سوال ہے جس کا جواب کتاب کے مصنف کو دینا ہے۔ کتاب صوری اور معنوی اعتبار سے کوئی خاص جاذبیت نہیں رکھتی۔ کتابت و طباعت متوسط درجے کی ہے۔ قیمت سو روپے ہے جو بہت زیادہ ہے۔

☆☆☆

اردو جرنلزم کیا ہے؟

سعید احمد قائد

کتاب کا نام: اردو جرنلزم کیا ہے؟

مصنف: طہٰ نسیم

سن اشاعت ۲۰۱۱

صفحات ۱۵۷

قیمت ۱۵۰ روپے

مطبوعہ: کتابی دنیا، ترکمان گیٹ، دہلی

تبصرۃ: سعید احمد قائد

کتابی دنیا نئی دہلی سے حال ہی میں طہٰ نسیم کی کتاب "اردو جرنلزم کیا ہے؟" شائع ہوئی ہے۔ یہ صحافت کے طلباء کے لئے انتہائی کار آمد کتاب ہے جس میں طہٰ نسیم نے صحافت کا تعارف کراتے ہوئے مطبوعہ صحافت کی اہمیت، دور جدید کا اخباری نظام، خبر نویسی، خبری لوازمات، خبر کی تحریر کیسی ہو، رپورٹنگ کی اہمیت، اداریہ اور کالم نویسی، فیچر کی اہمیت اور مقاصد پر تفصیل سے روشنی ڈالی ہے۔ یہ کتاب صحافت کو بطور پیشہ اختیار کرنے والوں اور ان لوگوں کے لئے بڑی مفید ہے جو اردو صحافت کو سمجھنا اور جاننا چاہتے

ہیں۔ کتاب کے دیباچے میں وہ لکھتے ہیں "عام طور پر ماہرین صحافت کی رائے ہے کہ اردو اخبارات میں تربیت یافتہ عملے کی کمی ہوتی ہے۔ حالت تو یہ ہے کہ زیادہ تر اخبارات کے مالکان ہی مدیر ہوتے ہیں اور ان میں صحافتی شعور ندارد ہوتا ہے۔ اس لئے آج ضرورت ہے کہ دیگر زبانوں کی صحافت کی طرح اردو میں بھی زیادہ سے زیادہ تربیت یافتہ عملہ خدمات انجام دے اور اردو اخبارات بھی جدید دور سے ہم آہنگی پیدا کریں۔ اسی کو مد نظر رکھتے ہوئے ایک ایسی کتاب کی ضرورت محسوس کی جارہی تھی جس میں جدید صحافت کی مکمل معلومات ہو"۔

بڑی تیزی سے سائنس اور ٹیکنالوجی کی ترقی ہو رہی ہے۔ اب خبروں کے حصول اور طباعت کا طریقہ بہت آسان ہو گیا ہے۔ نئے نئے مسائل سے لوگوں کا سامنا ہے۔ اس لئے اردو صحافت کو انگریزی اور ہندی صحافت کا مقابلہ کرنے کے لئے جدید ٹیکنالوجی کے ساتھ ساتھ تربیت یافتہ عملے کی ضرورت ہے تاکہ قارئین کی تمام ضرورتوں کو پورا کیا جا سکے۔

طٰہٰ نسیم نے اپنے انیس سالہ صحافتی تجربے کو اس کتاب میں یکجا کر دیا ہے۔ انہوں نے خبر کی تعریف سے لے کر خبری لوازمات، ادارہ، فیچر اور اشتہارات وغیرہ کی تیاری پر سیر حاصل بحث کی ہے۔ ان کا انداز تحریر سلیس اور رواں ہے۔ چھوٹے چھوٹے جملوں میں اپنی بات سمجھانے کا سلیقہ جانتے ہیں۔ اس کتاب میں انہوں نے اخبارات، Periodical، رسائل، ڈائجسٹ کے اقسام پر تفصیلی بحث کی ہے۔ اسے صحافت کی گائیڈ کہا جائے تو بے جا نہ ہو گا۔ علاوہ ازیں اردو صحافت میں جدید ٹیکنالوجی کی بڑھتی ضروریات بشمول کمپیوٹر، انٹرنیٹ، بلاگ وغیرہ پر بھی سیر حاصل گفتگو کی ہے۔ انہوں نے الیکٹرانک میڈیا کا بھی مختصراً تعارف کرایا ہے۔ ان کی دوسری کتاب 'الیکٹرانک میڈیا کی

صحیح تکنیک' عنقریب شائع ہونے والی ہے۔ یہ کتاب تجربہ کار صحافی کی ایسی معلوماتی تصنیف ہے جس سے صحافت کے طلبا کو اپنے فن کو چمکانے میں کافی مدد ملے گی۔اس کتاب میں اخباری صحافت کے لئے ضروری تمام اداروں کی معلومات تفصیل سے دی گئی ہیں اور بطور نمونہ خبر اور ادارہ مشہور اخبارات سے پیش کئے گئے ہیں۔ "اردو جرنلزم کیا ہے؟" ایک تربیتی معلوماتی کتاب ہے جسے مختلف ابواب میں تقسیم کیا گیا ہے۔اس کتاب کی ایک اور خوبی ہے۔ اس میں حقوق انسانی کا عالمی منشور بھی دیا گیا ہے تاکہ ایک اچھے صحافی کو معلوم ہو سکے کہ انسانی حقوق کیا ہیں؟ انتہائی دیدہ زیب ٹائٹل اور شاندار کاغذ پر طباعت کے باوجود کتاب کی قیمت صرف ۱۵۰ روپے ہے جو صحافت سے دلچسپی رکھنے والوں کے لئے بہت کم ہے۔ اس کتاب سے نہ صرف صحافت کے طلباء بلکہ اردو صحافتی اداروں کو بھی استفادہ کرنا چاہئے۔

* * *